日経文庫
NIKKEI BUNKO

「働き方改革」まるわかり

北岡大介

日本経済新聞出版社

はじめに

2017年3月、政府は働き方改革実行計画（以下、実行計画）を策定しました。実行計画では、長時間労働の是正、同一労働同一賃金の実現、その他全体で9つの分野に係る改革の実行計画（ロードマップを含め）を策定しており、今後の法制化、ガイドライン等の整備の方向性を具体的に示しています。このように政府の「働き方改革」自体は極めて多義的な取組みですが、この中で企業人事労務担当者をはじめ、多くの人々が最も関心を有しているのが「長時間労働の是正などを中心とした労働時間改革」にほかなりません。

政府は同改革として、労働基準法を改正し、法定時間外・休日労働時間数の上限規制を明文化する方向で検討を進めていますが、企業側からみると、ホワイトカラー労働者に対する長時間「労働」の是正はまさに「言うは易く行うは難し」です。工場ラインの生産職のように場所的・時間的拘束が厳格で、残業命令等が明らかな場合であれば、労使ともに長時間労働の実態自体は明らかであり、その是正対策も、新規採用・配転等による人員増強やライン設計見直しなど比較的明瞭です。

その一方、ホワイトカラー労働の多くは時間的・場所的拘束が工場労働に比べ緩やかであり、労働時間の実態自体も会社さらには労働者本人から見て曖昧であることが少なくありません。このような中、これまで多くの企業ではホワイトカラー労働者の「自己申告制」をもって、労働時間管理を行ってきましたが、労働時間の「見える化」が進んでいないことから、なお過小申告・過大申告の問題が相次いでおり、労使双方に労働時間をめぐる深刻な不信感・不安感をもたらしています。

本書では、ホワイトカラー労働に対する長時間労働是正がなぜ、今日的課題となっているのか、その背景を探るとともに、現行法における労働時間規制の内容や多様な労働時間制度等の課題を明らかにします。その上で「レコーディング・ダイエット」になぞらえながら、前述した労使双方の不信感・不安感を払拭すべく、「労働時間の明確化」と労働者の意識変革の観点から、労働時間ガイドライン案や各種規定例などを解説します。

さらには長時間労働の是正対策をめぐる労基署などの公的機関と労使・専門士業の役割や民間委託化の可能性、今後の労働の未来と働き方改革のルール形成の仕方なども検討しています。

本書を通じて、人事担当者・労働組合関係者はもちろん、経営者、ホワイトカラー社員、そして一般の読者にも、ぜひ働き方改革・労働時間改革の理解を深めていただければ幸いです。

2017年6月

北岡　大介

「働き方改革」まるわかり――〔目次〕

第2章 「労働時間」をどう見るか —— 35

第3章 多様な労働時間制度と健康障害防止対策 —— 71

第1章　働き方改革の背景——なぜ、いま必要なのか?

Ａ課長は１９８０年代の新人時代にお世話になったＢ氏（当時課長）の送別会に出席しました。当時を思い出すと週あたりの所定労働時間はどこも44時間、月～金で８時間、土曜日も４時間出社と定められていた上、残業も多く、平日・土曜日は23時過ぎまで、さらに忙しいときには日曜日や、今より数が少なかった国民の祝日に出社することも当たり前でした。

今から考えると週40時間を上回る時間外・休日労働が慢性的で、月では１００時間を超えていましたが、それなりに充実して働いていた気がします。他方でホワイトカラー層の労働時間管理自体はほとんど行われておらず、残業代も定額支給のみでした。最近、「働き方改革」が盛んに社内でも取りざたされるようになりましたが、なぜ必要なのか今ひとつ分かりません。

１　労働時間の今昔物語——１９８０年代の働き方から

「モダン・タイムス」に見る工場労働者への時間規制の必要性

人事労務分野において、労働時間は古く、そして新しい問題であり続けています。古くはＣ・チャップリンの名作「モダン・タイムス」で描かれた大工場でのネジ巻き労働が思い出されます。大型機械による流れ作業で一方的に仕事のスピード・量を決められてしまう中、哀れ工員チャーリーの腕がロボットのようになり、流れ作業から解放されてもネジ巻き動作を繰り返す描写が当時の厳しい工場労働の環境を巧みに表現していました。

工場労働のような厳しい労働環境に対し、労働者側から時間規制の必要性が強く要求されるのは必然ですし、使用者側、そして国家も人権保障はもちろん、品質確保や不当な競争制限の観点から、このような要求に応じることとなります。そのような背景の中、各国において成立したのが最低労働基準を定める労働基準法制であり、その中核に労働時間規制が位置づけられることになります。そこではまず未成年者や妊婦など法的に保護が必要とされる者に対する労働時間規制が先んじて設けられ、その後に工場労働全般に対し、労働時間の上限や割増賃金などの規制が次第に検討されるようになります。

１９９０年代までのホワイトカラー労働と労働時間規制

労働時間規制はこのような厳しい労働環境では必要不可欠ですが、工場労働などに従事しないホワイトカラー社員等の労働時間は、いったいどのように考えられていたのでしょうか。厳しい時間・場所的拘束下にあり、かつ流れ作業を強いられる工場労働と比べれば、ホワイトカラー労働等の多くは、時間・場所的拘束が緩やかである上、業務の遂行方法・時間配分も労働者本人に委ねられる面が多分に存在します。そのため、労働基準法制の萌芽期においては、ホワイトカラー社員層に対する労働時間法制の適用、とりわけ後述する労働時間の量規制を厳格に適用するという意識は極めて薄かったように思われます。現に映画「モダン・タイムス」においても、工場労働者以外に登場する工場長、職長らの役回りは、工場労働者を監視し、労働を強制する「悪者」であり、同人らを同じ労働者として保護する視点は、かのＣ・チャップリンにおいても欠落していたようです。

戦前、我が国においても、一定規模以上の工場・商店で働く児童および女子については、拘束11時間規制がなされ、１９３９年にようやく成年男性を含めた工場労働者に対し１日最

「モダン・タイムス」でのネジ巻き労働（©Photo/Getty Images）

長12時間の規制が設けられましたが、その一方でホワイトカラー労働者に対する労働時間規制は存在しませんでした。その後、１９４７年に制定された労働基準法が初めてホワイトカラー労働者も含め全ての労働者に対し、１日８時間、週48時間などの労働時間規制を適用することとなりますが、１９９０年代までホワイトカラー社員の労働時間管理等は労使双方から、さほど意識されない時代が長く続きました。

裁判所、労働基準行政においても、労働組合による集団労使紛争事案でない限り、ホワイトカラー労働者の労働時間管理、残業代支払い等の紛争が持ち込まれることも稀でした。また当時の裁判例を見ると、残業代請求に際し、労働者側に厳しくその立証責任を求めるものが散見されます。例えば北陽電機事件（大阪地判1989年4月20日労判539号44頁以下）を見ると、労働者側からの残業代請求に対し、裁判所は次の判断を示します。「被告におけるタイムカードも従業員の遅刻・欠勤を知る趣旨で設置されているものであり、従業員の労働時間を算定するために設置されたものではないと認められる。したがって、同カードに打刻・記載された時刻をもって直ちに原告らの就労の始期・終期と認めることはできない」ので、「原告らの労働時間を確定するに足りる証拠はない」とし、残業手当請求が斥《しりぞ》けられたものです。

つまり当時は会社が設置したタイムカードがあくまで遅刻・欠勤の確認のためのものであり、労働時間算定の目的で設置されていない場合（今も昔もこのような主張をする会社が多い）、残業代請求が認められるためには、労働者側が自ら「働かされたこと」につき、説得性ある立証を強く求めていました。このような立証は、労働者側から見て容易ではなく、残業代請求等が低調に留まった一因ともいえます。

2 「第1次」労働時間制度改革――1990年以降の大変容

週40時間労働制に向けた「時短」の時代

しかしながらA課長らが新人時代に経験したルーズなホワイトカラー層の労働時間管理も1990年代以降、大きく様変わりしていきます。まず1988年の原則週46時間労働制を経て、ついに1994年には原則週40時間労働制に移行することとなり、いわゆる土曜日の「半ドン」が消滅していきます（猶予措置も設けられていたが、一部を除き1997年には全面的に週40労働時間制に移行）。また当時は欧米先進諸国から、日本の長時間労働が貿易摩擦の一つとして取り上げられることが多く、我が国でも時短政策を積極的に進め、年間総労働時間の減少に力を入れ始めます。あわせて国民の祝日なども、次第に増えるようになり、年間所定労働時間、さらには実労働時間数が以下のとおり大きく減じられるようになりました（独立行政法人労働政策研究・研修機構編『データブック国際労働比較2017』203頁表から「日本の一人当たり平均年間総実労働時間」を引用）

1990年　2031時間　↓1995年　1884時間（週40時間制の実施）↓
2000年　1821時間　↓2014年　1729時間

以上のとおり我が国の総実労働時間数は目まぐるしく減少しましたが、他方で労働時間の2極分化が指摘されるようになります。1990年代以降、我が国では非正規雇用、とりわけ週35時間未満のパート労働者等が増加しており、我が国全体の総実平均労働時間の減少はパート労働者の増加に多分に影響されたとの評価がなされています。その一方、いわゆる正社員層の総労働時間数は、全体平均に比べれば20年ほど大きく減少しておらず、とりわけ週60時間以上の長時間労働者数（30歳代男性）はなお全体の約1・5割を占めている状況にあります（詳細な分析については、厚労省「平成27年版労働経済白書」113頁以下参照）。

また1995年以降はバブル経済崩壊後の厳しい経営環境の中、成果主義賃金制度の導入や相次ぐ事業再編・リストラなどを進める企業も増え、これに伴い労働者側も自らを守るため権利主張をする場合が増えてきました。その権利主張の受け皿となる紛争解決制度についても、司法制度改革が急ピッチで進められ、労働局の個別労使紛争解決援助制度や裁判所の労働審判制度創設など、拡充されていきます。そのような中、労働時間問題に決定的な影響を与える判例として登場するのが、２０００年の電通事件最高裁判決（最２小判２０００年3月24日労判７７９号13頁）です。

２０００年の電通事件とは何だったのか

同事件は１９９１年、入社2年目のホワイトカラー職（ラジオ局ラジオ推進部担当）が長時間にわたる残業を続け、うつ病に罹患《りかん》し自殺した事件です。同社員は所定労働時間中、関係者との連絡、打ち合わせなどに追われており、企画書や資料等の起案、作成を所定時間外に行うことが常態化し、深夜・徹夜による長時間労働が連続していました。そのような長時間労働の中、さらに上司等によるパワハラなども受け、うつ病となり自殺に追い込まれたとして、その遺族が電通を相手取って民事損害賠償請求を提起した事案です。これについて最高裁判決は会社側の安全配慮義務違反を明確に認めた点はよく知られていますが、その理由づけこそがその後の下級審や行政通達、さらには企業人事に大きな影響を与え続けています。

まず同事件において、会社側は「同社員が勝手に長時間在社していたにすぎず、会社に責任はない」旨の主張を行っていました。確かに深夜・徹夜在社が常態化するなど、工場労働ではありえない勤務状況といえるわけですが、これに対し最高裁判決は労働者本人にある程度、仕事の裁量の余地がなかったわけではないが、上司が「業務遂行につき期限を遵守すべきことを強調していた」こと等に照らすと「一般的、包括的な業務上の指揮又は命令の下に当該業務の遂行に当たっていたため、継続的に長時間にわたる残業を行わざるを得ない状態になっていたものと解される」とし、会社側主張を斥けています。

さらに会社側は「上司は労働者本人が長時間在社し、労働時間の適正申告を行っていなかったことを知らなかったので法的責任はない」との主張を行いました。これについて判決では、かねてから会社において長時間残業の状況が問題とされており、自己申告時間が実情に沿うものでないことが認識されていたとし、上司らは、同労働者の申告漏れ・徹夜などを認識しており、健康状態の悪化に気づいていたと判断されるとしました。

また同事件では上司が被災労働者に対し、口頭で「早く帰れ。長時間在社・徹夜などはしないように」との指導を行っていました。このことから当時として、会社・上司としての最低限の法的責任は尽くしているとの主張がなされましたが、これも最高裁は「上長が当該社員に対し、業務は所定の期限までに遂行すべきことを前提として、帰宅してきちんと睡眠を取り、それで業務が終わらないのであれば翌朝早く出勤して行うようになどと指導したのみで、業務の量等を適切に調整するための措置を採ることはなく」とし、会社の責任を厳しく問うたものです。

その上で最高裁判決は「労働者が労働日に長時間にわたり業務に従事する状況が継続するなどして、疲労や心理的負荷等が過度に蓄積すると、労働者の心身の健康を損なう危険のあることは、周知のところである。……使用者は、その雇用する労働者に従事させる業務を定めてこれを管理するに際し、業務の遂行に伴う疲労や心理的負荷等が過度に蓄積して労働者の心身の健康を損なうことがないよう注意する義務を負うと解するのが相当」とし、会社側の過重労働による健康障害に対する使用者の安全配慮義務を明確に認めました。このように電通事件最高裁判決は、過重労働による健康障害防止の観点から、それまでのホワイトカラー社員本人任せとするルーズな労働時間管理と会社側の安全配慮措置の不作為を厳しく戒めるものであり、今日読み返しても、なお「革命的」な判決内容と評することができます。

長時間労働と健康障害との関係とは？

長時間労働と健康障害との関係ですが、産業医学分野の知見では以下の関係性が明らかになりつつあります。労災認定事案の追跡調査研究によれば、業務上認定事案の過半数近くが時間外労働月あたり１００時間超と報告されています。また産業医に対する調査結果によれば、過重労働事業場において、過重労働者を医療機関に紹介した経験のある産業医のうち、過半数超が抑うつ状態、心身症等の疑いがあるとのデータが見られました。さらに長時間労働と睡眠時間の関係を調査した論文によれば、4～5時間未満の睡眠が1週間以上続き、かつ自覚的な睡眠不足感が明らかな場合は精神疾患発症の準備状態が形成されると考えることが可能との見解が示されています（中央労働災害防止協会編『職場における自殺の予防と対応（改訂第5版）』11頁以下〈中災防、2010〉）。なお就労時間と睡眠時間との関係については、NHKの「国民生活時間調査」等では次の標準化がされており参考になります。

1日の睡眠	1日の時間外労働	1カ月間の時間外労働
7・5時間	2時間	45時間
6時間	4時間	80時間
5時間	5時間	100時間

以上の知見を基にした産業医学における有力見解では、1カ月の時間外労働が100時間超の場合（睡眠時間が5時間に留まる可能性があるため）、脳心臓疾患・精神疾患のリスク

が高まるものと説明されており、後述する労災認定基準にも同見解が活かされています（１１４頁以下）。

ヨンロク通達のインパクト

電通事件最高裁判決などが大きな契機となり、当時の厚労省もホワイトカラー職に係る労働時間の適正把握・残業代未払い等に係る指導について大きな政策転換を行います。その代表的なものが「労働時間の適正な把握のために使用者が講ずべき措置に関する基準について」（２００1年4月6日基発３３９号）、いわゆるヨンロク通達です。詳細は66頁以下で後述しますが、同通達では、使用者に対して労働時間数の適正把握を強く求めるスタンスに転換しました。

この通達の対象労働者は工場の生産職はもちろん、管理監督者、裁量労働対象者を除く全てのホワイトカラー労働者であり、その後、労働基準監督行政は事務系職場に対しても、一転して労働時間の適正把握と残業代支払い等に関する厳しい監督指導を行うようになります。

東京労働局は毎年、定期監督における労基法違反の指導状況をホームページで公開していますが、２００６年の公表データを見ると、ヨンロク通達が発出される前である１９９８年に比べ同年には労基法37条（割増賃金違反）指導件数がおよそ3・4倍、労基法108条違反（賃金台帳の未整備（労働時間数記載含む））が6倍になっていることからも、急激に指導が強化されたことがうかがえます。

3　最近の労基署監督指導の強化について

2016年の電通事件はなぜ起きたのか

2016年9月、三田労基署において、新たに電通社員に係る過労自殺の労災認定がなされました。同事案は、2015年4月に電通に採用された新卒女性社員が同年9月まで残業が40時間程度であったところ、同年10月以降の部門配属を契機に業務量が急激に増大し、同月9日から11月7日までの間に1カ月あたりの時間外労働が105時間に及び、同年末に痛ましいことに自殺に至ったものです。ご遺族から労災認定請求がなされていたところ、三田労基署は2015年11月上旬に被災労働者が業務上の心理的負荷によって、うつ病に罹患したと認定しました。

このような長時間労働による健康障害事案が相次ぐ中、2015年度以降、厚労省において発足させたのが「過重労働撲滅特別対策班」（通称「かとく」東京・大阪に設置）です。本件労災認定事案についても、かとくが中心となり、相次いで電通本社および支店・子会社に対し、労基法に基づく臨検監督を実施し、全社的に労働時間の適正把握に問題がなかったか否かの調査を行っていました。同社は前年にも労基署側による臨検監督の結果、36（サブロク）協定（48頁以下）の延長時間数を超える時間外労働の実態が認められたとし、労基法32条違反に係る是正勧告がなされていました。今回も同様の違反が認められたことから、かとくおよび管轄労基署は前例にない厳しい姿勢で臨み、２０１６年11月７日、かとく等は本社その他支店数カ所に対し、労基官80名以上の態勢で強制捜査に乗り出し、２０１７年４月に一通りの捜査を終え、検察庁に事件送致しました。

かとくの新設と労働基準行政による指導強化

かとくでは複数の支店において労働者に健康障害のおそれがあるものや犯罪事実の立証に高度な捜査技術が必要となるもの等に対し、指導・捜査等を行います。２０１５年度における東京労働局の司法処理件数を見ると、この「かとく」発足の影響からか、労基法違反となる長時間労働に対する送検件数が41件と前年に比べ10件増となりました。中でも36協定の未締結または36協定に定める延長時間数を超えて時間外・休日労働を行わせた場合に該当する労基法32条違反等については、19件もの送検件数が見られ、前年比約5倍（2014年度4件）に達したものです。以上のとおり労働時間関係の違反に対する送検件数の増加はもとより、かとくの捜査対象は全国展開する小売業に及び、マスコミ等においても広く報じられ、社会的な注目を受けることとなりました。

さらに2016年以降、厚労省は本省労働基準局監督課に6名程度のベテラン・中堅監督官で構成される過重労働特別対策室を新たに設けて全国広域捜査の指導調整を図らせることとしています。また全労働局にも長時間労働に関する監督指導等を専門に担当する「過重労働特別監督監理官」を1名ずつ配置し、以下の業務を担当させるものです。

①問題業種に係る重点監督の総括、②月80時間超の残業のある事業場に対する全数監督の総括、③本社監督の総括（問題企業の把握分析・実施・調整・指導）、④夜間臨検の実施・調整、⑤長時間・過重労働に係る司法処理事案の監理等です。これらの組織見直しを通じて、東京・大阪のみならず、全国的に過重労働による労基法違反等の指導強化および厳正な司法処理を行うことを最重要の行政課題とするものです。

また2016年12月26日に、厚生労働省が「過労死等ゼロ」緊急対策を策定し、ヨンロク通達に係る新ガイドライン（63頁以下）、企業名公表制度の拡充、産業医への長時間労働者に係る情報提供義務化など様々な施策を立て続けに検討ないし実施しています。また改正労基法による労働時間規制強化の検討も進められており（53頁以下）、今後ますます労働時間をめぐる企業の法的リスクは増大することが必至です。

4　ワークライフバランスと生産性向上から見た長時間労働の是正

女性の社会進出

以上のとおり、労働者に対する健康障害の防止と企業の法的リスク対応のため、長時間労働の是正が必要であることは論を待ちませんが、働き方改革・労働時間改革が必要とされる理由はこれだけではありません。

ワークライフバランスも今日的な重要課題です。１９８０年代～１９９０年代までは、職業人の多くは「ワーク」の比重が重くなり、家族との「ライフ」にあてられる時間は乏しい傾向が見られました。その一方で子育て・介護などを一手に引き受けていたのが、まさに専業主婦（夫）などの配偶者等です。筆者は毎朝、日本経済新聞1面に掲載されている「私の

図表１　女性の年齢階級別労働力率の推移

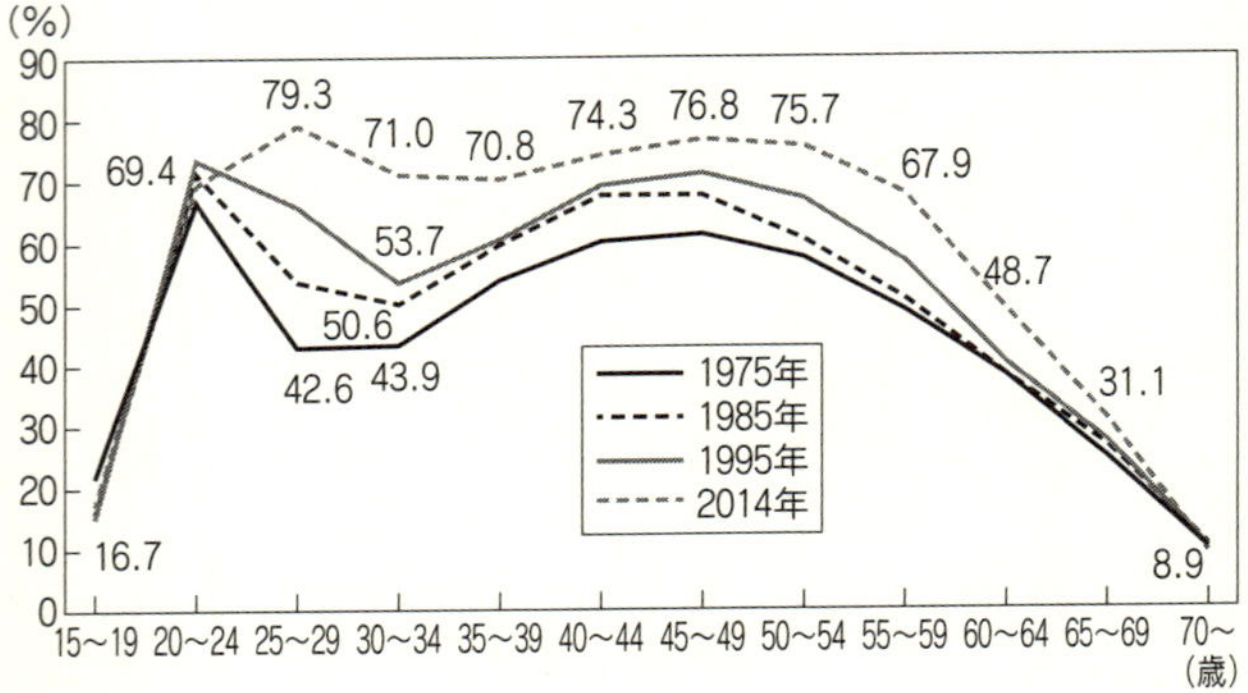

（備考）1．総務省「労働力調査（基本集計）」より作成。
2．「労働力率」は、15歳以上人口に占める労働力人口（就業者＋完全失業者）の割合。

履歴書」を愛読していますが、最終回近くになると、多くの功なり名遂げた経済人・文化人が、子育て・親の介護等の感謝を自らの配偶者に記しているのが印象的です。

しかしながら、今は少子高齢化が進展するとともに、女性の職業進出がかつてないほど高まっています。最近のデータでは雇用者総数に占める女性の割合は約４割超となっており、女性労働者数も過去最高である２３２９万人（うち非正規雇用１２１８万人）に至っています。また総務省統計局の労働力調査をみると、１９９０年代まで女性の年齢階級別労働力率は20歳にかけて急上昇しますが、その後、結婚・妊娠・出産などのライフイベントを迎える20代から

30代にかけて、労働力率が5割近くまで急減していました。その後、30代後半から次第に労働力率が上昇し、定年を迎える60歳以降は急減するという曲線を描く傾向が見られ、これを「M字曲線」と称していました。この女性の年齢階級別労働力率ですが、２０００年以降になると、女性の労働力率の減少幅が20代から30代後半にかけて、なだらかな減少に留まり、最近では、図表1のように顕著なM字曲線ではなくなりました（内閣府『平成27年版男女共同参画白書』）。

ワークライフバランスへの意識変化

また次第に、ワークライフバランスに関する20代〜40代の男性・女性社員双方の意識・行動変化が進んでいるように思われます。保育園・幼稚園の送り迎えを見ていると、今やスーツ姿のお父さんが子供を連れてくる姿は何ら珍しくありません。また子供を持つ女性社員のキャリア意識も高くなり、家族や自らの将来を見据えながら、仕事に邁進しています。

このように、妊娠・子育てなどのライフイベント真最中である若手・中堅社員の意識・行動が大きく変化している一方、変わっていないのが、すでに子育て等のライフイベントを終えた一部の50代〜70代の経営層・管理職の意識ではないでしょうか。最近になり、妊娠・出産などを理由に退職勧奨や降職などの不利益取扱いを行う、いわゆる「マタニティ・ハラスメント」が社会的問題となっていますが、これも一部経営・管理職層の「ライフ」に対する意識・想像の欠落が招いた問題ともいえます。

諸外国とのワークライフバランス比較

ワークライフバランスの問題は管理職層も含めた意識改革とともに、長時間労働の是正が必要不可欠です。1日は24時間しかないため、労働時間が長くなればなるほど、家庭等での生活時間が短くなります。さらに我が国の都市部では、通勤時間が優に往復2時間にも及ぶことが珍しくありません。この通勤時間の長さも生活時間を侵食している大きな要因の一つといえます。

連合総研がこの生活時間について国際比較をしていますが、極めて興味深い結果が示されています。まず日本の平均的な生活時間（男性）を見ると、以下のデータが示されています（連合総合生活開発研究所編『生活時間の国際比較』2009年3月）。

自宅を出る時刻　7時41分　　出社時刻　8時33分　　始業時刻　8時52分

終業時刻　18時44分　退社時刻　19時08分　帰宅時刻　20時05分
残業時間　92・3分　食事・休憩時間　76・7分　家で仕事をする時間　5・9分

これに対し、アメリカの平均的な生活時間（男性）では

自宅を出る時刻　7時41分　出社時刻　8時21分　始業時刻　8時31分
終業時刻　17時07分　退社時刻　17時18分　帰宅時刻　18時09分
残業時間　34・7分　食事・休憩時間　48・3分　家で仕事をする時間　31・5分

フランスの平均的な生活時間（男性）では

自宅を出る時刻　7時46分　出社時刻　8時28分　始業時刻　8時37分
終業時刻　17時26分　退社時刻　17時33分　帰宅時刻　18時16分
残業時間　31・9分　食事・休憩時間　60分　家で仕事をする時間　17・1分

以上から我が国の場合、アメリカ・フランスと比較して「出社時刻」はさほど変わりがない一方で、「帰宅時刻」が顕著に遅いことが示されています。長時間残業があれば、この帰宅時刻がさらに21時〜0時過ぎとなり、家での生活時間がほとんど失われてしまう結果となります。ワークライフバランスの観点から、やはり長時間労働の是正、働き方改革が必要といえます。

生産性向上と長時間労働の是正

また政府の働き方改革実行計画において、明確に示されたのが長時間労働の是正による労働生産性の向上です。同計画では、長時間労働の是正を契機に「経営者はどのように働いてもらうかに関心を高め、単位時間あたり（マンアワー）の労働生産性向上につながるもの」としています。以上のような課題に向けた対策として、本実行計画による働き方改革は、労働生産性を改善するための最良の手段とするものです。

確かに、これまで多くの日本企業における働かせ方を見ると、上級管理者・人事担当者は勤怠記録を月末などに締めた後、初めて「あの部門の誰々君は月120時間も残業してたの」と気づく（気づいておらず、外部監査で指摘を受け、初めて気がつくこともある）例が多かったと思われます。

そもそも、このような勤怠管理の一因は「働き方」「働かせ方」を現場上長・各社員「任せ」にしていたことにも起因しているものと思われます。これまで日本の企業は、湯水のようにマンパワー・労働時間が湧き出るかのごとく、さほど管理コストをかけずに社員らを無造作に使っていた、ともいえますが、今後は労働人口の減少、労働時間規制強化など大きな環境変化の中、マンパワー・労働時間は極めて貴重な財となります。いかに会社として、社員らの「働き方」、上司の「働かせ方」を精査し、その単位時間あたりの労働生産性を向上させるかに知恵を絞る必要があります。

〈第１章まとめ〉

以上のとおり１９９０年代を境に、労働時間をめぐる法的リスクは大きく変容しました。その一方、Ａ課長を含め中堅・管理職層の社員らの労働時間に係る意識は、案外、新入社員当時の１９８０年代で止まっている可能性があります。実は筆者は１９９５年に就職していますが、知らず知らずのうちに入社当時の意識で労働時間を語ることもよくあります。筆者を含めて、今一度、労働時間の認識を改める必要があります。

第2章 「労働時間」をどう見るか

先日、A課長は大学の同窓会で外食系ベンチャー企業の社長になった同級生C君と久しぶりに会い、次の話を聞いた。「我が社は君のような大企業とは違うので、頑張り次第で給料を払うことにしている。だからダラダラ会社に残っているだけでは、残業代なんか払わない。今の時代に労基法なんて古い法律が意味あるのかね」。

確かにA課長自身の仕事を振り返ると、長時間労働したからといって、必ず目に見える成果があるわけでもない。C君の考え方は極端であるとしても、一分の理はあるように思うが、どのように考えたらよいのだろうか。また労基法等が適用されるとして、労働時間に対しいかなる法規制が設けられているのだろうか。

1　労働契約から見た「労働時間」の本質

労働基準法は時代遅れで役に立たない？

ベンチャー企業の経営層からよくうかがうことがあるのは、「社員が働くことに規制を設けるのはおかしい」「残業代など意味がない」「労基法などの法律は時代遅れだ」との言です。確かに労基法は１９４７年制定の古い法律であり、当時と今では、労使関係、働き方含め全てが驚くほど変わりました。

その一方、法律自体は民法、刑法など明治以来の実定法を持ち出すまでもなく、変化に対応しうる側面を多分に有しています。というのは、労基法をはじめ法律条文自体は「使用者」「労働者」「賃金」など抽象的な文言で構成されており、その時々の変化に応じて、裁判例・行政解釈等が妥当な法解釈を示す営みが続けられています。また条文解釈では対応できない場合には、国会審議を経て、新たな法改正がなされます。ただ法解釈の変更や法改正の必要な状況が生じているにもかかわらず、労使での利害調整、国会審議等が円滑に進まず、タイムラグが生じることもありましょう。

問題はベンチャー企業のC社長が言う「労基法が古い」というのが、果たして本当に実態と法が適合しておらずタイムラグが生じている状況か、はたまた法違反を犯しているにもかかわらず何ら正当な根拠なく、法を批判しているに過ぎないかです。

先のC社長の言動は、社員らについて労働時間管理、残業代の支払いをする必要性がなく、成果を上げたものに対してのみ、それに応じた賃金を払えばよいという考え方に立脚しています。同言動が売り上げに対する成果報酬を支払う業務委託契約等を念頭に主張されたものであればともかく（後述するとおり業務委託か雇用契約かは実態に応じて判断される点に注意）、同社長はあくまで労働契約を前提として発言しています。

労働契約・労働時間とは

労働契約とはそもそもいかなる実態があれば認められるのでしょうか。労基法9条では「労働者とは、職業の種類を問わず、事業又は事務所に使用される者で、賃金を支払われる者をいう」としています。この中で重要であるのが「使用される」と「賃金」です。労働法学では前者を使用従属性、後者を労務の代償としての賃金とするものです。

このうち使用従属性の判断基準が問題となりますが、1985年に当時の労働省が学識者を参集し開催した労働基準法研究会において、労働者性に関する判断基準の概略が次のとおり示されています。

「「労働者」に当たるか否かは、雇用、請負等の法形式にかかわらず、その実態が使用従属関係の下における労務の提供と評価するにふさわしいものであるかどうかによって判断すべきもの……そして、実際の使用従属関係の有無については、業務遂行上の指揮監督関係の存否・内容、支払われる報酬の性格・額、使用者とされる者と労働者とされる者との間における具体的な仕事の依頼、業務指示等に対する諾否の自由の有無、時間的及び場所的拘束性の有無・程度、労務提供の代替性の有無、業務用機材等機械・器具の負担関係、専属性の程度、使用者の服務規律の適用の有無、公租などの公的負担関係、その他諸般の事情を総合的に考慮して判断するのが相当である」とするものです。

つまりは従業員の時間・場所を拘束し、使用者側が様々な業務命令等を行う関係にあるのが、労働契約です。仮に成果の上がらない社員がいたとしても、同人に月１００時間を超える時間外労働を会社側が命じ、ないし黙認しているとすれば、労働契約に該当し、原則として時間や場所に対する拘束に対する代償である「賃金」を支払う法的義務が生じます（裁量労働等の労働時間性については後述）。Ｃ社長の経営するベンチャー企業の社員も前記定義に照らし、時間的・場所的拘束の上で、使用者に指示され仕事を行っているとの実態が認められる限り、「古い」法律とはいえ、やはり労働基準法等の適用を受けることになります。

その一方で、時間・場所的拘束が低く、仕事の依頼等に諾否権が認められ、かつ仕事のやり方、進め方などが受託者本人に委ねられている場合などは労働契約ではなく、まさに業務委託契約に該当しえます。この個人業務委託は終章で若干の検討を行います（２０７頁以下）。

2　労働時間等の周知

労働時間に対する法規制とは

以上のとおり使用者と労働者との関係が「労働契約」に該当する場合、使用者は労働者の「時間」と「場所」を拘束し、その間、様々な指揮命令を行うことができます。このような時間・場所的拘束が無定量・無制限に及ぶことのないよう、労働基準法などの労働関係法令が様々な法的規制を設けています。このうち工場労働が主流の時代から概ね規制枠組みが定まっていたのが「労働時間に係る労働条件の明示等」「労働時間の量」に係る規制です。

また第3章において後述しますが、前記電通事件最高裁判決等を受け、過労死・過労自殺に係る労災認定基準の見直しがなされ、「労働時間」が重要な判断基準に位置づけられています。さらに労働安全衛生法においても、長時間労働による健康障害の防止策に本腰を入れるようになり、法規制の在り方が大きく変わってきました。ここでは主に労基法上の労働時間規制内容を中心に紹介します。

労働時間を含めた労働条件の周知

まず求人・採用過程において、労働時間を含めた労働条件が求職者に対し、事前に正しく示される必要があります。これについて職安法では、使用者または職業紹介業者等に対し、適正に募集条件を書面等で明示することを義務づけており、その明示事項の中には「労働時間、休憩、休日」も当然に含まれています。

さらに2017年の改正職安法では、あらかじめ示した募集条件が採用選考過程等において見直しがなされた場合、新たに使用者に対し、この変更内容を求人者に書面等で明示することを義務づけることとしています（2018年1月1日施行）。

その上で労働契約が締結された場合、その時点において、改めて使用者は労働者に対して、労働条件通知書等の書面交付が義務づけられています（労基法15条　罰則あり）。この書面明示事項の中には、「始業及び終業の時刻」はもちろん、「所定労働時間を超える労働の有無、休憩時間、休日、休暇」なども含まれています（労基法施行規則5条2号）。

さらに労基法では常時10人以上の労働者が勤務する事業場において就業規則を作成・届出をする義務を負っていますが、就業規則における必要記載事項の一つに挙げられているのが労働時間に係る定めです。労基法89条では「始業及び終業の時刻、休憩時間、休日、休暇並びに労働者を2組以上に分けて交替に就業させる場合においては就業時転換に関する事項」を就業規則に定めることを義務づけており、この規則の労基署への届出はもちろん、就業規則を労働者に周知することも別途義務づけられている点に注意が必要です（労基法89条、106条）。

タイムカード等の記録保存の義務

また労基法では、使用者に対して、延長時間数、休日労働時間数および深夜労働時間数等を賃金台帳に記載することを罰則付きで義務づけています（罰則として、6カ月以下の懲役又は30万円の罰金）。

> 労基法108条　使用者は、各事業場ごとに賃金台帳を調製し、賃金計算の基礎となる事項及び賃金の額その他厚生労働省令で定める事項を賃金支払の都度遅滞なく記入しなければならない。
>
> ●労基法施行規則54条
>
> 使用者は、法第108条の規定によって、次に掲げる事項を労働者各人別に賃金台帳に

記入しなければならない。
５　労働時間数
６　延長時間数、休日労働時間数及び深夜労働時間数

同記載の前提として、タイムカード等による勤怠記録が必要となりますが、労基法では、賃金台帳のほか、「賃金その他労働関係に関する重要な書類」として出勤簿、タイムカード、残業命令書、自己申告書等を3年間保存することも同じく罰則付きで義務づけています（労基法１０９条）。

３　労働時間の「量」に対する規制

原則的な労働時間の量に係る規制

まず労働基準法32条には以下の法規制が設けられています。

第32条　使用者は、労働者に、休憩時間を除き1週間について40時間を超えて、労働さ

せてはならない。

② 使用者は、1週間の各日については、労働者に、休憩時間を除き1日について8時間を超えて、労働させてはならない。

労基法上、使用者は労働者を原則として1日8時間、週40時間を超えて働かせてはならないとしています。ただし同規制を一部または全部除外する様々な制度等があらかじめ設けられています。まず挙げられるのが、後述する36協定の締結・届出です。そのほか、10人未満の商業、映画・演劇業（映画制作の事業除く）、保健衛生業、接客娯楽業については特例措置として、法定労働時間がなお1週44時間、1日8時間と定められています。

また労基法41条において、①農業・畜産・養蚕・水産業従事者、②管理監督者（第3章で後述）、機密の事務を取り扱う者、③監視断続的労働従事者（許可要）、④宿日直勤務者（許可要）は労働時間の量的規制が適用除外とされています。さらに裁量労働制など多様な労働時間制度が設けられており、適法に導入・運用がなされている場合、上記規制等を適用除外します（第3章で詳細を解説）。また1カ月単位ないし1年単位の変形労働時間制度もあり、制度を適法に導入し、かつ対象期間を平均して週40時間以内とする労働日・労働時間を事前特定することによって、前記労働時間「量」の規制を一部適用除外することができます。

1日10時間労働を定めることは可能か

前記のとおり、労働契約を締結した際、契約上の労働時間を明示し（労基法15条）、常時10人以上の事業場においては、労働時間等の定めを就業規則に盛り込んでおくことが義務づけられています（労基法89条）。使用者は原則としてこの契約時間の範囲内で、労働者を働かせることが求められます。

それでは会社側があらかじめ契約書において1日の労働時間を10時間と定め、労働者本人にその都度、同意などを取ることなく、10時間まで働かせることは自由に行えるでしょうか。一見すると、労働契約書にその旨定めがあるため、この命令が可能にも見えますが、1日8時間労働の最低労働条件を定める労働基準法に違反しています。

この場合、1日10時間の労働契約は無効となり、最低基準たる1日8時間に労働契約内容が自動的に修正されます（労基法13条）。また使用者が1日10時間と定めた違法な労働契約書のみを根拠に、実際に8時間を超えて労働させたとすれば、同労働は労基法32条違反に該当するため、所轄労働基準監督署から厳しい行政指導、さらに改善が見られない場合等には、刑事訴追されるおそれすらあります（6カ月以下の懲役または30万円以下の罰金刑の定め同119条）。

時間外労働の定めとその割増賃金率

その一方、原則あるところに例外あり。例外として、1日8時間、週40時間を超えて適法に労働させることができるルール自体も他方で存在します。まず会社が従業員に対し所定時間を超えて時間外・休日・深夜労働を命じるためには、その命令を発する法的根拠が必要となります（日立製作所武蔵工場事件　最1小判1991年11月28日労働判例594号7頁）。

その法的根拠としては、まず就業規則等において以下のような時間外・休日労働および深夜業に関する定めを要するものです。

> （時間外労働・休日労働及び深夜業）
> 第○条　会社は、業務上必要あるときは、別に定める労使協定の範囲内で、所定時間外・休日及び深夜勤務を命じることがある。
> 2　前項による勤務を命じられた者は、正当な理由なくこれを拒むことはできない。

また前述のとおり労基法32条は罰則規定が設けられていますが、これを免罰するものとして、法定時間外労働・休日労働に関する労使協定届があります（いわゆる36協定）。労基法36条は使用者とその事業場における従業員過半数代表者（または過半数を代表する労働組合）との間で36協定の締結・労基署への届出がなされた場合、同36協定に定める延長時間数の範囲内まで、1日8時間、週40時間を超えて時間外労働を行わせることを許容しています（36協定の詳細は後述）。

法定時間外労働を行わせた場合、労基法では使用者に対し時間外割増賃金の支払い義務を課しています（労基法37条）。

まず1日8時間を超える法定時間外労働の割増率は2割5分増と定められています。これに対し、法内残業の場合は別途問題となります。例えば所定7時間20分の会社であれば、1日の法定労働時間8時間まで、残り40分の時間外労働を行ったとしても、法定時間外労働に該当せず、これを法内残業と言います。その時間については、「原則として通常の労働時間の賃金を支払わなければならない。ただし、労働協約、就業規則等によって、その時間に対して別に定められた賃金額がある場合にはその別に定められた賃金額で差し支えない」（1948年11月4日基発第1592号）とされており、法内残業に対する割増率の設定自体は労使自治に委ねられています。なお中堅・大企業の多くは労使協議を経て、法内残業の割増率を法定時間外労働の割増率と同様にしています。

また深夜労働（夜10時〜朝5時）については、2割5分、法定休日労働（週1日または4週4日の休日労働）は、3割5分の割増率と定められています。なお深夜に法定時間外労働を行わせた場合には、割増率が加算され、5割増となります。さらに大企業において、月あたりの法定時間外労働が60時間超となった場合、割増率が5割に引き上げられています。これを中小企業にも拡大する改正労基法案が現在、検討中です（後述）。

4　部下を何時間まで残業させられますか？――36協定の重要性

36協定を見たことがありますか？

1日8時間、週40時間を超えて法定時間外労働を行わせる場合、前述のとおり36協定の締結・届出が必要不可欠です。管理職が部下に対し、36協定なく、1日8時間を超える時間外労働を行わせた場合、全てが労基法違反の残業となり、会社はもちろん、これを命じ、ないし黙認した上司も労基法32条違反の容疑で刑事訴追されるリスクを負うことになります。筆者はよく講演等で労使の受講生にヒアリングするのですが、この36協定を見たことがあるのは、人事部と従業員過半数代表等に限られ、管理職および社員の多くは見たことも聞いたこともないようです。しかしながら36協定はそもそも労基法106条において、会社が就業規則等とあわせて、常時各作業場の見やすい場所へ掲示し、または備え付けること、書面で交付すること等（対象社員全員が閲覧できるのであれば、社内イントラネットでの掲示も含まれる）により、労働者に周知させることが義務づけられています。まず会社側として36協定の写し等が就業規則等とあわせて掲示等され、周知できているかの実施、確認が不可欠です。

延長時間数の設定と限度基準の告示

まず36協定の締結・届出において、最も重要であるのが、延長時間数の設定です。この延長時間数をいかに設定するかは、労使協定という性質上、使用者と労働者過半数代表者の協議によって定まるものですが、厚労省は従前から「労働基準法第36条第1項の協定で定める労働時間の延長の限度等に関する基準（1998年12月28日労働省告示第154号。以下、限度基準）を定め、労使がこれを尊重するよう助言・指導を行っています（図表2）。

限度基準について例外が2つあります。第1はこの限度基準がそもそも適用にならない業

図表2　限度基準告示

(1)一般の労働者の場合

□36協定で定める延長時間は、最も長い場合でも次の表の限度時間を超えないものとしなければなりません。

期間	限度時間
1週間	□　15時間
2週間	□　27時間
4週間	□　43時間
1カ月	□　45時間
2カ月	□　81時間
3カ月	□120時間
1年間	□360時間

※一定期間が左の表に該当しない場合の限度時間は、計算式で求める時間となります。（具体的な計算式は、労働基準監督署にお問い合わせください。）

※限度時間は法定の労働時間を超えて延長することができる時間数を示すものです。また法定の休日の労働を含むものではありません。

(2)対象期間が3カ月を超える1年単位の変形労働時間制の対象者の場合

□対象期間が3カ月を超える1年単位の変形労働時間制により労働する者についての延長時間は、上記(1)とは異なり、最も長い場合でも次の表の限度時間を超えないものとしなければなりません。

期間	限度時間
1週間	□　14時間
2週間	□　25時間
4週間	□　40時間
1カ月	□　42時間
2カ月	□　75時間
3カ月	□110時間
1年間	□320時間

※一定期間が左の表に該当しない場合の限度時間は、計算式で求める時間となります。（具体的な計算式は、労働基準監督署にお問い合わせください。）

※限度時間は法定の労働時間を超えて延長することができる時間数を示すものです。また法定の休日の労働を含むものではありません。

出典　厚労省「時間外労働の限度に関する基準」

務類型があります。例えば建設、自動車運転、新技術の研究開発などが対象外とされています。第2に限度基準を超えてどうしても時間外労働を行わせる必要がある場合、年6回の範囲内で特別条項を設ける方法があります。この特別条項については、「臨時的なものに限る」とされており、具体的事由の記載をより詳細に行う必要が出てくる点、それから延長時間については極力少なくするよう窓口指導がなされる点に注意が必要です（法改正動向については後述）。

36協定のその他のチェックポイントとは

36協定のその他のチェックポイントとして、まず挙げられるのがそもそも時間外労働・法定休日労働をさせる可能性があるか否か、です。可能性が全くなければ、届けは不要です。時間外労働を行わせる具体的事由、業務の種類については、その内容を特定する必要があります。例えば「業務上必要」などといった漠然とした記載では、時間外労働の「具体的な事由の記載」にあたりません。「臨時的受注の発生」「顧客からの苦情対応」などのような具体的記載が最低限、求められることになります。

案外、見落としがちであるのが、36協定における労働者数です。36協定については、時間外労働の対象となる労働者数を全て記載する必要があります。仮に4月段階で締結・届出する場合であっても、同年6月には中途採用が入社するのが確定していて、しかも時間外労働の対象者であれば、これも含めて記載をしておく必要があります。

そのほか、「1日あたり延長することのできる時間」も忘れず記載しておく必要があります。この1日の延長時間数の目安は限度基準告示上、設けられておらず、労使自治に委ねられているものですが、当然に労働者の安全配慮措置に配慮したものである必要があります。

従業員過半数代表者の選出

36協定の締結・届出に際しては、事業場内において従業員の過半数を代表する労働組合または従業員過半数代表者との協議と協定締結が必要不可欠です。このうち従業員過半数代表者を選出する必要がある場合、労基法では次のいずれにも該当する者であることを求めています（施行規則6条の2）。

①労基法41条第2号に規定する監督又は管理の地位にある者でないこと。
②法に規定する協定等をする者を選出することを明らかにして実施される投票、挙手等

の方法による手続きにより選出された者であること。

②の「投票、挙手等」の「等」については、厚労省の解釈例規で「労働者の話し合い、持ち回り決議等労働者の過半数が当該者の選任を支持していることが明確になる民主的な手続きが該当する」とされています（１９９９年３月31日　基発第１６９号）。これまでは民主的な選出方法の手間を厭《いと》い、社長が代表者を直接指名する等の不適切な例がよく見られましたが、最近では労基署も過半数代表者の選出方法が適正か目を光らせています。例えば、36協定受理後、会社に個別に連絡を取り、その選出過程の確認を行ったり、自主点検表の報告を求めるといった例が増加しており、これまでに増して上記選出方法につき注意を払う必要があります。

5　働き方改革の実行計画と改正労基法案の動向

改正労基法案の動向

働き方改革実行計画に先立ち、２０１５年通常国会に改正労働基準法案が提出されていますが、なお審議未了のため、２０１７年秋の臨時国会に持ち越されています。同改正法案では①働き過ぎ防止のための法制度の整備等、②フレックスタイム制の見直し、③裁量労働制の見直し、④特定高度専門業務・成果型労働制（高度プロフェッショナル労働制の創設）等が盛り込まれていますが、③、④は与野党間の対立が激しく、今後の国会においても審議が難航する可能性が指摘されています。②〜④については次章で解説することとし、ここではまず①の働き過ぎ防止対策のみを取り上げます。

全ての事業主が割増率の引き上げを行うことに

改正労基法案には以下の働き過ぎ防止対策が盛り込まれています。まず注目されるのは中小事業主に対するもので、１カ月について60時間を超える法定時間外労働に対する割増賃金率適用の問題です。前記のとおり、２０１０年4月に施行された改正労働基準法はワークライフバランス等の観点から長時間労働抑制の必要性を挙げ、月間法定時間外労働が60時間を超過した場合、その割増賃金率を50%に引き上げる改正を行いました。ただし中小事業主については猶予措置が設けられ、当面、同引き上げは適用除外とされていました。これに対し本改正法案ではこの適用除外を廃止し、全ての事業主に対して同じく割増率の引き上げの適用を行う旨、定められています。

また36協定の締結・届出に際し、労基署は限度基準告示を根拠に様々な助言指導を行っていますが、今回の改正案の基となった審議会報告書では限度基準告示を定めるにあたり考慮する事項として、「労働者の健康」を追加するとともに、労基署の助言および指導にあたり、「労働者の健康が確保されるよう特に配慮しなければならない」こととしました。さらに上記法整備の趣旨を踏まえ、36協定の様式に新たに時間外労働の特別条項に係る記入欄を新設するとともに、特別条項を定める場合、限度時間を超えて労働した労働者に講ずる健康確保措置を定めなければならないこと、またこの措置の実施状況等に係る書類を作成し、3年間確実に保存しなければならない旨、限度基準告示に規定化される見込みです。いずれも過重労働防止に向けた規制強化案といえます。

上限規制は原則月45時間に

また、2017年3月に策定された働き方改革実行計画における時間外労働の上限規制案の内容ですが、まず法定時間外労働の上限を原則として月45時間、年360時間と定める予定です。ただし、一時的な業務量の増加がやむをえない特定の場合には次の上限規制案が提案されています。

①年間は720時間（月平均60時間）以内とする

②2カ月ないし6カ月平均は「法定休日労働を含んで」月80時間以内とする

③単月は、「法定休日労働を含んで」100時間未満を基準とする

④時間外労働の限度の原則は、月45時間、年360時間であることに鑑み、これを上回る特例の適用は、年半分を上回らないよう、年6回を上限とする。

上記基準を労働基準法に明記するとともに、同上限規制を罰則付きとして実効性を担保することを明らかにしています。さらに特別条項を設ける場合には、36協定に月45時間を超えて時間外労働した者に対する健康・福祉確保措置内容を必要記載事項とするとともに、「労使が上限値までの協定締結を回避する努力が求められる点で合意したことに鑑み、さらに可能な限り労働時間の延長を短くするため、新たに労働基準法に指針を定める規定を設けることとし、行政官庁は、当該指針に関し、使用者及び労働組合等に対し、必要な助言・指導を行えるようにする」予定です。

適用除外業種等は今後どうなるか

前記のとおり、現行の限度基準告示には、以下の適用除外業務が存在します。工作物の建設等の事業、自動車の運転の業務、新技術・新商品等の研究開発の業務です。

実行計画においても、適用除外業種等は「働く人の視点に立って働き方改革を進める方向性を共有したうえで、実態を踏まえて対応の在り方を検討する必要がある」としており、以下の案が示されています。まず自動車の運転業務については、罰則付きの時間外労働規制の適用除外とはしないとする一方、改正法の一般則の施行期日の5年後に年960時間（月平均80時間）以内の規制を適用することとしました。さらに将来的には上限規制の全面適用に向けた検討を進めることとしています。

また建設事業についても、同じく罰則付きの時間外労働規制の適用除外とせず、改正法の一般則の施行期日の5年後に、罰則付き上限規制の一般則を適用することとしました。ただし、復旧・復興の場合については、単月で100時間未満、2カ月ないし6カ月の平均で80時間以内の条件は適用しない予定です。あわせて将来的には、上限規制の全面適用を検討することとしました。

また医師については今回新たに適用除外に加える提言がなされています。まず医師についても原則として時間外労働規制の対象とする一方、医師法に基づく応召義務などの特殊性から、改正法の施行期日の5年後をめどに規制を適用することとし、検討を続けることとしています。最後に新技術・新商品等の研究開発の業務については、医師の面接指導、代替休暇の付与など実効性のある健康確保措置を課すことを前提に、現行制度で対象となっている範囲を超えた職種に拡大することのないよう、その対象を明確化した上で適用除外とするという方針が示されています。今後の労政審、国会等での論議が注目されるところです。

予測できない災害が起こった場合と勤務間インターバル

東日本大震災など事前には予測できない大災害が発生した場合、救護・復旧活動などにおいて、多大な時間外・休日労働を余儀なくされる場合が生じえます。この場合については、現行労基法33条に基づき、事前または事後の行政官庁許可をもって、時間外労働の延長を認める制度が設けられていますが、今回の上限規制案においても、この制度は継続される見込みです。また同制度はそもそも地震などの天災地変を想定したものですが、最近ではサーバーへの攻撃によるシステムダウン対応や大規模リコールなど事前に想定しえない事象が生じています。今回の上限規制案の改正に伴い、上記のような事象も労基法33条の対象となる「事前に予測できない災害その他事項」に該当しうることを行政解釈に明記することも検討されています。

また長時間労働による健康障害防止の観点から、勤務間インターバルの必要性が高まっています。これについて実行計画では、今後、労働時間の設定の改善に関する特別措置法の改正を検討し、同法案において、事業者は前日の終業時刻と翌日の始業時刻の間に一定時間の休憩の確保に努めなければならない旨の努力義務規定を設けることが検討されています。さらにインターバル規制にかかる有識者研究会の設置、中小企業への助成金の活用、好事例の周知なども実行計画において提言されており、今後の動向が注目されます。

1分1秒の残業が命取りに

同改正案に対する企業側の反応ですが、一部業界を除いて、さほど大きな反発の声は聞こえてきません。上限規制案は限度基準告示における特別条項を許容した上で、単月の法定時間外休日労働が100時間未満などと設定されましたが、これまでも多くの企業では同水準以内で労働時間の管理がなされてきた実績があるためと思われます。

しかしながら同改正案への企業側対応は容易ならざる面があります。まず「2カ月ないし

6カ月平均80時間」の上限規制案ですが、仮に特別条項を月99時間とし、特定月において99時間の法定時間外・休日労働を行わせた場合、同基準に抵触しないためには、必ず翌月は61時間以内の法定時間外・休日労働でコントロールする必要が生じます。これまでとは格段に精度の高い労働時間の把握と上限規制に抵触しないための業務量調整が企業に求められます。さらに単月または2カ月ないし6カ月以内の上限規制案に関しては、法定時間外労働のみならず、「法定休日労働時間数」も含まれることとされているため、勤怠管理の在り方自体もこれまでの「残業代支払いのための時間数」のほか、法定休日労働時間数も含めた「上記規制案以内か否かを確認するための時間数」を各々が把握管理する必要が生じることとなります。

また同上限案の基準であれば、まだ自社の残業実績から見て余裕があると考えている会社でも、社内を見渡せば、平日に20時過ぎまで2時間程度の法定時間外労働があり、かつ毎週土曜日に8時間程度の法定外休日労働（時間外労働に算入）が1カ月続く社員が生じえます。この場合でも、たしかに計算上は単月の法定時間外・休日労働が70時間あまりに留まり、80時間～100時間未満に達しませんが、ここに以下のようなサービス残業問題が生じた場合、途端に上記案に抵触するリスクが現実化します。

「休憩時間が1時間であるところ、実際は毎日30分しか付与していなかった」「上司が部下に対し早出残業を毎日隠れて1時間行わせており、後日これが発覚した」「業務量が多く、持ち帰り残業が恒常化しており、実は自宅で毎日1時間程度時間外労働を行っていた」等の問題であり、どの職場においても、上記リスクは他人事ではありません。労働時間の上限規制案が施行されることは、すなわち1分1秒の「労働時間」が希少性・重要性を増すことを意味するものです。

6 労働時間性の判断基準

労働時間とはいったいどのようなものか

以上のとおり、労働時間に係る規制とりわけ「量」に対する規制が強化されていますが、そもそも同規制対象たる「労働時間」とはいかなるものを指すのでしょうか。行政解釈・裁判例ともに、「労働時間」について概ね以下の法的な定義がなされています。「労働者が使用者の指揮命令下に置かれている時間」。

同定義は大変抽象的であるため、解釈上多くの難問が生じることになります。例えば、製造工場などにおける更衣時間の問題があります。始業時刻前に、工場内の更衣室で更衣が義務づけられていた場合、「場所」的には使用者の支配下にはありますが、同更衣中、具体的な作業に従事しているものではありません。このような実労働に該当しない「周辺」時間の労働時間につき、裁判所は個別判断を行っていますが、最高裁の代表的な裁判例では、この準備行為を事業場内において行うことを使用者から「義務付けられ、又はこれを余儀なくされたとき」は、「指揮命令下」にあり、労働時間に該当するとの判断基準を示しました（三菱重工業長崎造船所事件　最1小判2000年3月9日労判778号14頁）。

その他、裁判上よく問題となるものとして、ビル警備業務における夜間勤務があります。ビル警備業務では、宿直室において一定の仮眠を取ることが許される場合がありますが、同仮眠時間が「労働時間」であるか否かが、問題となるものです。これについて、最高裁は、同仮眠時間が使用者の指揮命令下に置かれていないものといえるためには、労働者が実作業に従事していないことに加えて、この時間に労働者が労働から離れることが保障されていることが必要であるとします。具体的には、同仮眠時間中の待機や、警報電話等に対して直ちに相応の対応が義務づけられている場合は、「労働からの解放が保障されていない」こととなり、仮眠時間は「労働時間」に該当することになります（大星ビル管理事件　最1小判2002年2月28日民集56巻2号361頁）。

新ガイドラインにおける労働時間性判断の基準

2017年1月に厚労省から企業向けに「労働時間の適正把握に関する新ガイドライン」（後述）が示されましたが、ここでは新たに「労働時間の考え方」が示されています。まず労働時間の考え方については、前記の三菱重工業長崎造船所事件最高裁判決を概ね引用の上、具体的な例として以下3点が労働時間に該当することを明らかにしました。①使用者の指示により、就業を命じられた業務に必要な準備行為等（着用を義務付けられた所定の服装への着替え等）を事業場内において行った時間、②使用者の指示があった場合には即時に業務に従事することを求められており、労働から離れることが保障されていない状態で待機している時間（いわゆる「手待ち時間」）、③参加することが業務上義務付けられている研修・教育訓練の受講や使用者の指示により業務に必要な学習等を行っていた時間。

新ガイドラインでは「次の……ような時間は、労働時間として扱わなければならないこと」と明記しており、今後の労働基準行政では、上記時間が労働時間に該当するとの画一的指導が強まる可能性がありますが、以下の点で一部疑問が残ります。確かに三菱重工業長崎造船所事件最高裁判決を取り上げるまでもなく、これまでの裁判例において、更衣時間や待機時間、さらには「研修・教育訓練時間」が労働時間にあたるとした裁判例は見られるところですが、一方で労働時間性の判断は極めて個別性が高く、事案によっては労働時間性が否定される場合も生じえます。

曖昧さが残る労働時間性判断——更衣時間・待機時間等

まず更衣時間についてでは、最近の裁判例でもオリエンタルモーター事件（東京高判2013年11月21日労経速2197号3頁）において労働時間性が否定されています。同事件は入社1年あまりで会社を退職した営業社員が残業代等の請求を行ったものですが、判決では事業所における着替えについて、「指定された更衣所で着用することが義務づけられていたと認めるに足りる証拠はない」（1審）、「被控訴人主張の着替え…が義務づけられていたことを認めるに足りる証拠はない」（2審）ことから、労働時間性を否定したものです。

また待機時間に関しても、産婦人科医師が宿日直勤務以外に、自主的に「宅直」当番を定め、宿日直の医師のみで対応が困難な場合、宅直医師が病院に来て宿日直医師に協力し診療を行うこととしていたところ、この宅直中の自宅待機時間が「労働時間」に該当するか否かが争われた事件として奈良県（医師時間外手当）事件（大阪高判2010年11月16日労判1026号144頁）があります。同判決では地裁・高裁ともに、宅直時間中の労働時間性を否定したものですが、同高裁判決は宅直勤務においても「精神的な緊張や負担も相当程度ある」とし、一定の「拘束性」を認める一方で、病院呼び出し回数の頻度がさほど多くないなど総合的に負担の程度を考慮し、労働時間性を否定しており、個別事案によって待機時間の労働時間性判断は異なりうるものです。なお研修・教育訓練時間も個別判断を要しますが、詳細については１５７頁以下で検討します。

ホワイトカラー労働者の労働時間性判断の難しさ

また事務系社員、外勤社員の労働時間性判断も同様の困難性を潜在的に有しています。事務系社員等については、前述のとおり、工場労働等に比べ、時間的・場所的拘束が緩やかである上、上司が部下につきっきりで、業務遂行方法・時間配分等につき逐一指導監督する例はまずありません。このため事務系社員に対しタイムカード等を会社に設置し、入退場の際にこれを打刻させたとしても、「在社時間」は把握しうる一方で、仕事を終え、タイムカード打刻前に休憩室等で休んでいたり、同僚らと雑談している場合などもあり、必ずしも在社時間が全て労働時間にあたるとはいえません。このため各社では、タイムカード等を設けた場合も、ホワイトカラー層の社員については、自己申告時間をもって労働時間を把握し、管理している例が多く見られます。それでは自己申告時間とタイムカードの打刻時間に大きな乖離が見られた場合、労働時間はいかに判断されるべきでしょうか。

労働時間の適正な把握のために

この問題に対し、厚労省は前記のとおり、２００１年にいわゆるヨンロク通達を発出しました。同通達は行政内部通達であり、まず労働時間の適正把握が使用者の責務であることを明らかにした上で、原則として次の方法で労働時間管理を行っているかを監督するよう、厚労省が労基署に求めたものです。

①使用者が自ら現認することにより確認し、記録すること
②タイムカード、ＩＣカード等の客観的な記録を基礎として確認し記録すること
また「自己申告」による労働時間の把握は例外的な方法と位置づけた上で、これによらざるを得ない場合、以下の措置を講ずることを使用者に求めたものです。
⑴対象となる労働者に対し、適正申告を行うよう十分な説明
⑵自己申告により把握した労働時間が実際の労働時間と合致しているか否かについて、

必要に応じて実態調査実施

⑶労働者の労働時間の適正な申告を阻害する目的で、時間外労働時間数の上限を設定するなどの措置を講じない

さらに２０１７年1月には企業向けに「労働時間の適正な把握のために使用者が講ずべき措置に関するガイドライン」（２０１７年1月20日策定。以下新ガイドライン）を示し、以下のとおりヨンロク通達の一部を修正し、自己申告により行う場合、新たに以下の点などを適切に講ずべきことを使用者に求めています。

①実際に労働時間を管理する者に対して、自己申告制の適正な運用を含め、本ガイドラインに従い講ずべき措置について十分な説明を行うこと。②実態調査の実施の上、「所用の労働時間の補正をすること」「特に、入退場記録やパソコンの私用時間の記録など、事業場内にいた時間の分かるデータを有している場合に、労働者からの自己申告により把握した労働時間と当該データで分かった事業場内にいた時間との間に著しい乖離が生じているときには、実態調査を実施し、所要の労働時間の補正をすること」。

さらに自己申告による労働時間把握を行っている場合、自己申告時間と事業場内にいた時

間との齟齬《そご》理由を、労働者本人に申告させる際の留意点として以下の措置を使用者に求めています。

③「その理由等を、労働者に報告させる場合には、当該報告が適正に行われているかについて確認すること。その際、休憩や自主的な研修、教育訓練、学習等であるため労働時間ではないと報告されていても、実際には、使用者の指示により業務に従事しているなど使用者の指揮命令下に置かれていたと認められる時間については、労働時間として扱わなければならないこと」

常にリスクが潜むホワイトカラーの労働

以上の施策は、総じてホワイトカラー労働者の個々の在社時間に係る労働時間性判断そのものを示したものではありません（新ガイドラインが具体的に労働時間として挙げる更衣時間、手待ち時間等も個別判断を要することは前述のとおり）。新ガイドラインは、あくまで使用者側に労働時間の適正管理方法を示し、これを履行していない場合に監督指導を行い、この会社の労使が自律的に労働時間性判断を明確化し、労働基準法令等に抵触することがないよう促していく施策と評価しうるものです。

また労基署は将来に向けた指導と合わせて、労基法37条違反の是正勧告を行い、過去に遡及して残業代未払いの是正を求めることが多々あります。同指導の多くは、会社側が労働者に対し、実際に時間外労働を行わせていたにもかかわらず、労働時間管理を適切に行っていない場合になされており、当然の指導といえるでしょう。最近ではタイムカード等の勤怠管理記録が不存在であっても、入退場記録、ＰＣのログ記録・社員らへのヒアリング等を通じて、時間外労働の実態を把握し、指導をなす監督手法も洗練されてきました。

その一方、筆者の関与企業からの労務相談では、社内調査等の結果、在社時間と自己申告との間に乖離が生じているが、労務提供内容が判然とせず、かつ上司が時間外労働を明示ないし黙示に指示した事実が定かでない事案が多々見られます。このような「在社時間」を放置することが望ましくないのは前述のとおりですが、他方で過去の在社時間を全て労働時間とみるべきか否かはヨンロク通達、新ガイドライン上、判然としません。そのような中、最近の労基署による、更なる監督指導強化等を受け、大手各社含めてホワイトカラー労働者全般の労働時間管理に係る懸念・不安感が広がっています。

〈第2章まとめ〉

労働契約である限り、使用者に対し、原則として本章で解説した労働時間規制が適用されることとなります。会社側は労働時間等のルールを従業員等に明らかにするとともに、労働時間の量規制を守ることが義務づけられていますが、本章で述べたとおり「労働時間」か否かの判断は、本務以外の周辺時間（着替え、手待ち時間等）など、なお曖昧さが残っています。また何よりも事務系社員等の労働時間性判断は、その性質上、工場労働と比べると格段に困難性を有しています。

そのような中、労基法上、「労働時間の量的規制」を緩和するものとして、裁量労働制・フレックス制度など多様な労働時間制度が整備されており、一定の定着を見てきました。次章では事務系職場を対象とした多様な労働時間制度とその留意点などを、ケーススタディによって明らかにするとともに、全ての労働者に対し、問題となる長時間労働による健康障害防止対策について解説します。

第3章　多様な労働時間制度と健康障害防止対策

A課長は同業他社の人事マンが集まる立食パーティに参加し、ライバル企業C社のB課長と最近の労基署監督指導動向などについて雑談していたところ、次の耳うちを受けました。「うちは全社的に裁量労働制、フレックス制を導入しているので、事務系社員の労働時間問題は何の心配もありませんよ」。当社は裁量労働制等を何ら導入しておらず、A課長自身も多様な労働時間制度の内容や留意点がよく分かりません。また裁量労働制を導入後、対象社員の過労自殺事案などが生じた場合、会社に法的責任が生じるのか、またその長時間労働による健康障害防止対策としてどんなものがあるかが気になります。

1　正常性バイアスの危険性

企業では営業職、企画職、専門職など多種多様な業務に従事する人財が活躍しています。業務によっては、第2章で解説した1日8時間、週40時間の原則的な労働時間「量」規制がなじまない場合があり、労基法上もその性質に応じて多様な労働時間制度を設け、適法に導入運用されている限り、前記の労働時間量規制の全部または一部を適用除外しています。また２０１７年段階で国会に上程中の改正労基法案においても、新たな労働時間制度等が盛り込まれています。

筆者の顧問先からも時折、A課長のように、同業他社の人事課長等から魔法のような制度として、「裁量労働制」等をすすめられたと、相談を受けることがあります。確かに裁量労働制などの多様な労働時間制度はその働き方に応じて「みなし労働」など労働時間規制を柔軟化しうるものであり、労使双方にとってメリットの多い制度ですが、光あるところに影あり。導入検討に際し、何よりも注意を要するのが「正常性バイアス」の問題です。筆者は大学卒業後、5年ほど労働基準監督官に任官していましたが、工場などへの臨検監督を行った際、よく感じたのが、経営幹部等の「裸の王様」化、つまりは「見えるはずのものが見えない」ことでした。

労働基準監督官は日々様々な労災事案を耳にしていますので、災害リスクに敏感です。例えば工場内の非常階段で手すりが外れている箇所などがあれば、過去の墜落災害事例などを思い出しながら、瞬時にその危険性を工場長に指摘し、その改善を促すことになります。あるとき、新任工場長にその旨を指摘したところ、「あそこは立ち入り禁止にしているので、使いませんけどね。一応ご指摘があったので直しておきます」などとやり取りしていた矢先でした。まさに作業員がその階段を使おうとする場面に遭遇し、思わず工場長ともども「危ないから、その階段を使うな」と叫んだことがあります。工場長から見ると、工場全てが日常の風景となっていくため、見えるはずの「異常」が気づきにくくなる、いわゆる「正常性バイアス」が働いていた可能性があります。

「働き方改革」として「多様な労働時間制度」を導入・運用する際にも、まずは様々なリスク発生事案に真摯に向き合うことを通じ、正常性バイアスから脱し、「見えるべきものが見える」ようになる必要があります。以下では多様な労働時間制度ごとに事例を紹介しながら、同制度の内容とその留意点について解説します。

2　営業職への事業場外みなし労働制度の導入

新入社員のFさんは大学を卒業後、商品卸売等を行うZ社に入社し、支店営業部販売課に配属されました。入社当初は他の社員の補助として業務を手伝う等の研修を受けた後、入社6カ月後の10月頃から、取引先2社3店舗等を営業職として1人で担当することとなりましたが、取引先の担当者との関係に悩み、商品の納入実績等を落とすとともに、発注ミス、社用車による物損事故等が相次いでいました。Ｆさんの時間外労働時間数について、会社は事業場外みなし制を導入していたため、特段把握管理していませんでしたが、本人の勤怠記録等から後日計算してみると、入社6カ月後から急増し、それ以前は45時間程度であったものが、月間１５０時間程度に及んでいました。同人は入社した年の11月末には「適応障害」、翌12月中旬には「うつ病エピソード」を発病し、同月24日、自ら命を絶つという痛ましい結果を迎えました。

営業職の働かせ方と事業場外みなし制度

現行労基法においても様々な労働時間制度が許容されていますが、その中で営業社員等の外勤業務が多い社員層に対し、導入実績が多いものに事業場外みなし労働制度があります。同制度は労基法38条の2において概ね以下の要件が定められています。労働者が事業場外で業務に従事しており、事業場外労働が労働時間の全部または一部であること、そして事業場外において「労働時間を算定し難い場合」です。このうち「労働時間を算定し難い場合」は、その文言のみから直ちにその定義を導き出し難いところ、厚労省は行政通達で以下3つの類型を示し、「使用者の具体的な指揮監督が及んでおり、労働時間の算定が可能であるので、みなし労働時間性の適用はない」例を具体的に示しています（1988年1月1日基発1号）。

〈適用否定の例〉
①何人かのグループで事業場外労働に従事する場合で、そのメンバーの中で労働時間の管理をする者がいる場合
②事業場外で業務に従事するが、無線やポケットベル等によって随時使用者の指示を受けながら労働している場合
③事業場において、訪問先、帰社時刻等当日の業務の具体的指示を受けたのち、事業場外で指示どおりに業務に従事し、その後事業場に戻る場合

事業場外みなし労働制度の法的効果ですが、以上の要件に該当した場合、原則として、事業場外業務は「所定労働時間労働したものとみなす」ものです。ただしこの業務を遂行するために通常所定労働時間を超えて労働することが必要となる場合においては「当該業務に関

しては、厚生労働省令で定めるところにより、当該業務の遂行に通常必要とされる時間労働したもの」とみなすとしており、労使協定による特段の定めをもって、みなし労働時間数を設定することも許容しています（この場合には労基署への労使協定届が必要）。なお所定労働時間みなしの場合、同制度導入自体は就業規則等の整備・届出をもって行いうるものであり、専門業務型裁量労働制などのように、あらかじめ労基署に労使協定等の届出をなすことは義務づけられていません。

設問事例の検討――新入社員に同じ負担を求めるのは危険

中小企業を中心に、新入社員にも同じ営業社員であるからとの理由だけで、ベテラン営業社員と同様に事業場外みなし労働を適用し、労働時間管理等が一切なされていない企業運用がなお少なからず見られます。前記事例においても入社６カ月後に、営業職として独り立ちをさせ、売上げ目標等を課し、他の営業社員と同様にみなし労働制を適用した事案でした。

しかしながら入社６カ月の経験を経たとはいえ、１年目の新卒社員は一般に職業経験がなく、上司・先輩社員からのＯＪＴ等を通じて、職業能力・経験等を身につけていきます。このため事業場外勤務に従事しているとはいえ、上司等から随時携帯電話やメール等による指示を受けながら業務を行っていることに変わりはなく、後日残業代請求などが争われた場合、みなし労働制の適用自体が否定される可能性が大です。また何よりも問題といえるのが、みなし労働制を適用することによって、労働時間管理・把握を適正に行っていれば見えた可能性が高い健康障害にかかる警報を見落としてしまった点です。本件では、本人が発注ミス、社用車による物損事故などを相次いで起こしていました。これらのエピソードはいずれも「危険信号」といえ、本人の長時間労働状況の適切な把握とあわせて、経営・人事・上司等が早期に認知し、業務負荷軽減による長時間労働防止対策や産業医等への受診勧奨などの措置を講ずることが期待しえた事案ともいえます。

ベテラン営業部長などはよく「我々の若い頃は……」と考えがちですが、今の新卒社員の育成環境や社会常識などは大きく様変わりしており、一昔前と同じ方法では社員は育ちません。また安全配慮義務の観点からも、新卒社員から発せられている警報に十分に耳を傾けることが会社、上司に求められています。

3　研究職等へのフレックスタイム制度の導入

当社では研究職に対しフレックスタイム制度を導入しており、概ね順調に稼働していますが、対象社員であるTさんの制度活用には問題を感じています。Tさんは特段、合理的理由がないにもかかわらず、毎日夕方から出社し、朝方まで研究室に閉じこもっています。研究報告書などの提出も一切なく、上司たる研究所長が何回も連絡・報告を求めても、適当な回答が一切見られません。どのように対応すべきでしょうか。

フレックスタイム制度とは

フレックスタイム制とは労働者の自由な時間管理が保障されることを前提として、各日、各週の労働時間をあらかじめ特定することを要件とせずに、日または週の法定労働時間を超えて労働させることを認める制度です。またいつ出社し、また帰社するのかという始業および終業の時刻も、労働者の自主的判断に委ねられています。その一方、使用者側は清算期間内の総労働時間を働くように対象社員に求めることはできますが、始業・終業時刻や各日・各週の労働時間数を労働者に指示することができません。労基法上の労働時間規制を大幅に緩和した制度といえます。

フレックスタイム制度の導入要件

フレックスタイム制度の導入要件ですが、以下を満たす必要があります。

①就業規則その他これに準ずるものにおいて始業および終業の時刻を労働者の決定に委ねる旨定めるとともに、

②労使協定を締結し、

(a)対象となる労働者の範囲

(b)清算期間（1カ月以内）と起算日

(c)清算期間における総労働時間（清算期間を平均し1週間あたりの労働時間が週の法定労働時間の範囲内）

(d)標準となる1日の労働時間

(e)コアタイムを設ける場合には、その開始および終了の時刻

(f)フレキシブルタイムを設ける場合には、その開始および終了の時刻を定めることを要件として、フレックスタイム制を採用できるものです。
清算期間とは、フレックスタイム制において、契約上労働者が労働すべき時間を定める期間です。労働者は、清算期間に定められた総労働時間数、労働するように、各日の始業及び終業の時刻を自分で決定して働くことになります。

清算期間における総労働時間

清算期間の長さは、現行法上1カ月以内の期間に限ることとされていますが、これは、1カ月単位の変形労働時間制の変形期間の最長期間が1カ月とされていることとの均衡を考慮したものです。清算期間における総労働時間を設けることとなりますが、この総労働時間数は契約上、労働者が清算期間において労働すべき時間として定められた時間であり、いわゆる所定労働時間を指します。フレックスタイム制においては、所定労働時間は、清算期間を単位として定められます。
労使協定では、例えば1カ月160時間というように各清算期間を通じて一律の時間を定める方法のほか、清算期間における所定労働日を定め、所定労働日1日あたり8時間という定め方をすることもできます。

時間過不足への対応

フレックスタイム制において、実際に労働した時間が清算期間における総労働時間として定められた時間に比べて過不足が生じた場合、清算期間内で労働時間および賃金を清算することがフレックスタイム制の本来の趣旨であると考えられますが、それを次の清算期間に繰り越すことの可否については次の行政通達が示されています（１９８８年1月1日基発第１号・婦発第1号）。

①清算期間における実際の労働時間に過剰があった場合に、総労働時間として定められた時間分はその期間の賃金支払日に支払うが、それを超えて労働した時間分を次の清算期間中の総労働時間の一部に充当することは、その清算期間内における労働の対価の一部がその期間の賃金支払日に支払われないことになり、労基法第24条に違反し、許されない。

②清算期間における実際の労働時間に不足があった場合に、総労働時間として定められた時間分の賃金はその期間の賃金支払日に支払うが、それに達しない時間分を、次の清算

期間中の総労働時間に上積みして労働させることは、法定労働時間の総枠の範囲内である限り、その清算期間においては実際の労働時間に対する賃金よりも多く賃金を支払い、次の清算期間でその分の賃金の過払を清算するものと考えられ、第24条に違反するものではない。

ただし、②の場合には、繰り越された時間を加えた次の清算期間における労働時間が法定労働時間の総枠の範囲内となるように、繰り越し得る時間の限度を定める必要がある。

設問事例の検討——労働者の自律性に重きを置いた制度

確かにフレックスタイム制度は労働者本人に始業・終業時刻を委ね、清算期間をもって労働時間の調整を行う制度ですが、だからといって本人が何ら業務上合理的な理由なく、ルーズな働き方そのものを黙認することを会社に強いるものではありません。会社としては、適宜、本人に対し、仕事の成果等の報告を求めることは当然に可能ですし、研究室の利用については施設管理権等をもって、深夜の在社を認めない取扱いも許容されます。フレックスタイム制は労働者本人の自律性に大きく信頼を置いた制度であるため、自律性に欠ける社員については、フレックス制度からの適用を外す制度設計とすることも、合理的理由があれば許容されうるものです。

適用対象・適用除外規定の例

フレックスタイム制度において次のような適用対象・適用除外規定を設け、運用管理を行うことが考えられます。

（適用対象者）
第○条　フレックスタイム制は、次の各号のいずれにも該当する社員に適用します。
①フレックスタイム制の目的を理解し、合理的な行動と業務の効率化を推進する意欲と自己管理能力があり、本制度の適用を申請した社員
②業務に支障が生じるおそれがなく、会社が適用を承認した社員
（勤務予定の申告）

第○条　フレックスタイム制適用者は、出退社予定時刻を前週までに予定表に記入するものとします。

（業務報告）

第○条　フレックスタイム制適用者は、業務の進捗状況を正しく所属長に報告しなければなりません。

（勤務時間の記録）

第○条　フレックスタイム制適用者は、毎日の勤務開始時刻、勤務終了時刻および勤務時間数などを正確に記録し、業務終了後直ちに会社に提出しなければなりません。

所属長は、社員に対して実際と異なる勤務開始時刻、勤務終了時刻および勤務時間数などを入力するように指示してはなりません。その場合は、就業規則第○条の懲戒に該当します。

（適用の解除）

第○条　フレックスタイム制適用者が次のいずれかに該当するときは、本制度の適用を解除し、通常勤務とします。

①合理的な理由なく、実勤務時間と所定勤務時間との間に著しい過不足をたびたび発生させたとき
②合理的理由なく出退社予定時刻の記入がたびたび不適切であるとき
③所属長への業務報告において、適切さがしばしば欠けるとき

④勤務時間の記録において不正があったとき
⑤その他、勤務時間などの自己管理能力が欠けると判断されるとき

改正労基法案における見直し案

また2017年秋の臨時国会において継続審議される予定の改正労基法案には、フレックスタイム制の見直し案が盛り込まれています。その見直し案ですが、具体的には清算期間の上限の延長が挙げられており、現行の1カ月から3カ月に延長するものです（ただし1カ月を超える清算期間を定めるフレックスタイム制の労使協定については行政官庁への届出を要するもの）。その一方で、過重労働防止対策の観点から、「清算期間内の1カ月ごとに1週平均50時間（完全週休2日制の場合で1日あたり2時間相当の時間外労働の水準）を超えた労働時間については、当該月における割増賃金の支払い対象とするものです。また同フレックスタイム制度を適用する労働者の中には、3カ月等の清算期間の途中で退職等のため、労働した期間が清算期間より短くなる場合も生じえますが、この労働者を労働させた期間を平均し1週間あたり40時間を超えて労働させたときには、その超えた時間について法定割増賃金に係る規定の例により割増賃金を支払うこととする見込みです。

清算期間の延長によって、労使双方にとってフレックスタイム制の活用のしやすさは格段に高まります。始業および終業の時刻を労働者の決定に委ねることが可能な職種・業務があれば、本改正法案の成立を契機に導入の検討を行うべきでしょう。

4　SE等の専門業務型裁量労働制のリスクと対応

Kさんは大学卒業後、通信機器設計等を営むZ社に入社し、SE職として勤務していました。同社ではSE職になると、専門業務型裁量労働制が適用されることとなり、みなし労働時間が適用されます（1日9時間みなしで、定額残業代支給）。ただKさんは入社までSE職の経験は一切なく、上司、先輩らの指示の下、補助的な業務に従事していました。Kさんの労働時間は研修中、概ね1日9時間程度でしたが、入社6カ月後から新規プロジェクトのメンバーに抜擢されたところ、同業務中は平均して10時間30分程度、さらに出張中の労働時間は平均して13時間半に及んでいました。また出張直後から12日間連続勤務していた上、そのうち2日間は徹夜をしており、ほかの日も早朝から深夜まで睡眠時間を削って残業していました。Kさんはその後、メンタル不調となり、会社を長期間休職していますが、Z社の一連の対応に問題はなかったのでしょうか。

専門業務型裁量労働制とは

厚労省の2012年就労条件総合調査によれば、専門業務型裁量労働制を導入している企業は2・3%であり、後述する企画業務型裁量労働制の0・7%に比べると、比較的多くの企業が採用しています。企業別に見ると1000人以上規模の企業では7・7%もの採用が進んでおり、規模が大きくなればなるほど導入例が多い制度といえます。

この専門業務型裁量労働制の制度導入自体は企画業務型裁量労働制に比べると容易といえますが、その一方で導入手続さらには対象業務を誤った場合、そもそも制度適用自体が否定され、企業が思わぬ法的リスクに晒《さら》される危険性があります。

専門業務型裁量労働制とは、労基法38条の3に基づき、「業務の性質上その遂行方法を大幅に労働者の裁量に委ねる必要があるため、業務の遂行手段や時間配分などの決定について具体的な指示が困難なものとして省令で定める業務」について、対象業務やみなし時間数など一定の事項に関して労使協定を締結した場合、同協定で定めたみなし時間により労働時間の算定を行うことが認められる制度です（労基署への労使協定届出義務有り）。同制度の趣旨について、厚労省は「社会の変化に伴い、業務の遂行の手段および時間配分の決定等の裁量の幅が大きく、一般労働者と同様の厳格な労働時間規制を及ぼすことが不適切な専門業務に従事する労働者が増加した。このような社会の変化に対応して、本条は、専門業務型裁量労働制について規定したもの」としています。

同制度が適法に導入された場合、対象労働者の労働時間は現実の労働実績にかかわりなく、労使協定で定める時間数働いたものとみなされます。最近の裁判例（ライドウェーブコンサルティングほか事件　東京高判２００９年10月21日労判９９５号39頁）においても、ＳＥに対する同制度の適用（10時間みなし）を肯定した上で、「労働者が実際に労働した時間が例えば12時間であるとして、証拠を挙げ反証しても、その分の割増賃金を請求することを許さない趣旨のものと解される」と判示するものです。

ただし休憩、法定休日労働、深夜労働については、専門業務型裁量労働制であれ、労基法の各種規定が適用になります。また会社が制度導入を進め、届出等を行っていたとしても、後述するとおり法に適合しない場合には、みなし労働時間が適用されず、労基法の規制が改めて及びます（遡って時間外割増賃金等の支払い義務が発生するなど）。

対象業務とは

専門業務型裁量労働制の対象となるのは、業務の性質上その遂行の方法を大幅に労働者の裁量に委ねる必要があるため、この業務の遂行の手段および時間配分の決定等に関し具体的な指示をすることが困難なものとして厚生労働省令で定める業務です。1988年の立法当初は研究開発、情報システムの分析・設計、記事等の取材編集、デザイナー、プロデューサー・ディレクターの5業務を例示列挙していました（1988年1月1日基発第1号）が、1997年にはコピーライター、公認会計士、弁護士、1級建築士、不動産鑑定士、弁理士の6業務を、さらにシステムコンサルタント、インテリアコーディネーター、ゲーム用ソフトウェア創作者、証券アナリスト、金融商品開発者、建築士、中小企業診断士そして税理士等と順次拡大がなされています（2002年2月13日厚労告22号）。

同対象業務（施行規則第24条の2の2第2項各号）の定義・範囲については、解釈例規が定められており、例えば税理士業務について以下の解釈が示されています。「税理士の業務とは、法令に基づいて税理士の業務とされている業務をいうものであり、例えば、税理士法2条1項に規定する税務代理又は税務書類の作成がこれに該当するものであること」などとします。

本法では、各社において定めるべき対象業務は、各事業場における業務の実態、その遂行方法等は千差万別であるので、厚生労働省令で定めた業務のうち具体的にどのようなものについて本制度を適用するかについて、業務の実態等について熟知している労使間で協議し、労使協定で定めることとされています。その一方、当該業務の性質上その遂行の方法を大幅に労働者の裁量に委ねることができないにもかかわらず、当該業務の遂行の手段および時間配分の決定等に関し具体的な指示をしないと労使協定で定めても、みなし労働時間制の適用はないとされています。

例えば、数人でプロジェクトチームを組んで開発業務を行っている場合で、そのチーフの管理の下に業務遂行、時間配分が行われている者やプロジェクト内で業務に附随する雑用、清掃等のみを行う者（１９８８年3月14日基発第１５０号・婦発第47号等）、研究開発業務に従事する者を補助する助手、プログラマー等は、専門業務型裁量労働制の対象とはならないものとされています。

否定例の分析

最近の裁判例を見ると、専門業務型裁量労働性の適用を否定する裁判例が見られます。

エーディーディー事件（大阪高判2012年7月27日労判1062号63頁等）では、システムコンサルタントに対する専門業務型裁量労働制の適用が争われたところ、原審・高裁ともにその適用を否定しました。高裁も維持した原審判断では、まず専門業務型裁量労働制の対象業務である「情報処理システムの分析または設計の業務」について、厚労省の解釈例規を示し、ニーズの把握、ユーザーの業務分析等に基づいた最適な業務処理方法の決定およびその方法に適合する機種の選定（以下略）等の業務をいうとした上で、プログラミングについては、その性質上、裁量性の高い業務ではないので、専門業務型裁量労働制の対象業務に含まれないことを確認しました。さらに営業が専門業務型裁量労働制に含まれないことも改めて指摘しています。

その上で問題となっているプログラムの分析または設計業務について裁量労働制が許容されるのはシステム設計というものが、システム全体を設計する技術者にとって、どこから手をつけ、どのように進行させるかにつき裁量性が認められるからとした上で、同事案については、会社は下請けとしてシステム設計の一部しか受注していない上、発注先からかなりタイト（1～2週間、中には翌日まで等）な納期設定をされていたことから、本件は「業務遂行の裁量性がかなりなくなっていた」と認定しました。また裁量労働に含まれないプログラミング業務を大量に行わせていた上、営業業務等も行わせていたとし、専門業務型裁量労働制の適用を否定しました。

設問事例の検討――会社側の安全配慮にも難が

前記事例もまさに、Kさんは SE 職に配属されていましたが、システム開発全体を担当していたわけではなく、現場で上長らの指示を受けながら補助業務に従事するのみで業務遂行の裁量性がほとんどない事案です。前記判決と同様に、本件も専門業務型裁量労働性が否定されうる事案といえます。何よりもみなし労働制の導入によって、会社側が「見える化」を怠っていた面も指摘しうるところといえ、会社側の安全配慮義務上の対応にも極めて難があったといえます。納期前に仕事が集中することのないよう、計画的に作業の進捗管理を行うことが何よりも求められます。また計画どおり進行せず、納期前に徹夜で作業を進めるなどの事態が生じた場合、マネージャー職は計画見直しの調整を行うと同時に、新入社員、健康に不安を抱えている社員への配慮は必ず検討する必要があることが本事案から示唆されます。

5　企画業務型裁量労働制度の導入

D社では3年前に経営企画室の室員などを対象に、企画業務型裁量労働制の導入を進めました。労使委員会の設置、決議、労基署への各種届出・報告など煩雑な手続きが必要でしたが制度導入を行いました。そのような中、管轄労基署の担当方面主任が来社し、経営企画室における企画業務型裁量労働制の説明などを行っていたところ、同担当官から次の質問を受けました。「経営企画室の室員であるEさんですが、新入社員である上、実のところ役員や部長から、適宜指示を受けながら各種資料の整理や会議資料の作成を行っているだけではないのですか。またEさんは、経営企画室のほかに、総務・経理部門の補助作業も行っており、労働時間の割合としてもこの補助作業の割合が6割以上を占めています。これでは企画業務型裁量労働の対象から外れ、別途労働時間管理が必要になりますね」。これまでの会社の取扱いに問題があるとの指摘を受けましたが、どのように考えるべきでしょうか。

企画業務型裁量労働制とは

企画業務型裁量労働制とは、事業運営上の重要な決定が行われる企業の本社などにおいて企画、立案、調査および分析を行う労働者を対象とした裁量労働制です。同制度を導入することにより、対象労働者の労働時間数はあらかじめ定められた時間にみなされることとなります。例えばある日、同裁量労働制の対象者が明日の会議に備えて、１日あたり11時間勤務したとしましょう。その場合においても、裁量労働におけるみなし時間数が８時間であれば、８時間にみなされることになります。

このように大きな法的効果が生じるため、当初から企画業務型裁量労働制の導入においては、一定の厳格な要件を設けることとしていました。近年、それがあまりに厳しいため導入が進まないとの批判があり、２００４年に一部導入・運用の要件が緩和されています。

対象はその自律性が要件に

同裁量労働制を導入するためには、まず対象業務が存在する事業場があることが必要不可欠です。企画業務が中心となる本社・本店については異論なく対象事業場となりますが、問題となるのは、それ以外の事業場です。２００４年の改正では、本社以外の事業場であっても対象業務たる「事業運営に関する」企画立案業務があれば認められることとされており、具体的には以下の事業場が対象となります。

企業全体の事業運営に大きな影響を及ぼす決定が行われる事業場あるいは本社等の具体的指示を受けることなく独自にその事業場を含む複数の支社・支店等に関する事業活動の対象となる地域における、生産・販売等についての事業・営業計画の決定等を行っている支社・支店等

これに対して、独自の事業計画を立てることなく、個別の製造作業や工程管理のみを行っている事業場、あるいは本社等の具体的指示を受けて、個別の営業活動のみを行っている事業場は対象外となります。つまり本社以外の支店・工場等も企画業務型裁量労働制の対象となりえるが、問題は支店・工場の自律性（生産・販売等の決定権）ということになります。この対象事業場を満たした場合、次に問題となるのは導入要件です。同裁量労働制の大きな特徴として挙げられるのは、労使委員会と同決議の重視です。次に確認いたします。

労使委員会の設置が必須

同裁量労働制導入にあたり、必ず設置しなければならないのは労使委員会です。同委員会は賃金、労働時間などの労働条件に関する事項を調査・審議し、事業場に対し意見を述べることを目的とするものですが、その選任・運営規程については様々な規制が設けられています。選任等の方法としては以下があります。

①委員の半数が、過半数労組（これがない場合は過半数代表者）に任期を定めて指名されていること（労働者側委員は、非管理監督者であること）
②議事録の作成、保存、周知がなされていること
③運営規程が定められていること
④「委員であること」「なろうとしたこと」「委員として正当な行為をしたこと」を理由として、不利益取扱いをしないようにすること

労使委員会の決議

企画業務型裁量労働制の導入は、労使委員会設置の上で次のステップを踏む必要がありま

す。労使委員会の決議と届出です。まず決議については、出席委員の5分の4以上の多数決により、次に掲げる事項について決議を行う必要があります。

（必要記載事項）
①対象業務、②対象者の範囲、③みなし時間、④健康・福祉確保措置
⑤苦情処理措置、⑥同意原則・不同意の場合の不利益取扱い禁止、⑦決議の有効期間
⑧記録の保存　等

この決議事項の中でとりわけ重要であるのが①と②です。まず対象業務ですが、これについては次のとおり範囲が定められています。「業務の性質上、これを適切に遂行するには、遂行方法を大幅に労働者の裁量に委ねる必要があるため、遂行手段、時間配分の決定等に関し、使用者が具体的な指示をしないこととする業務として、次の要件を満たす業務を具体的に定めなければならない」。

具体的には事業の運営に関する事項についての業務であること、企画・立案・調査・分析の業務であること、業務の性質上、適切に遂行するには、その遂行方法を大幅に労働者の裁

量に委ねる必要がある業務であること、そして業務の遂行手段・時間配分の決定等に関し、使用者が具体的な指示をしないこととする業務であることの4点です。

厚労省は具体的に対象業務となりうる、あるいはなりえない業務を次のとおり、一例として示しています。例えば人事部であれば、人事労務担当部署における人事制度に関する調査・分析・新人事制度策定業務、教育・研修策定業務などは、上記企画業務に該当するものです。したがって、働き方改革のために多様な労働時間制度の企画立案業務に主に従事している人事部員も、この制度の対象になる可能性が高いといえます。これに対して対象外となるのは、人事記録の作成・保管、給与計算・支払、保険加入・脱退、採用・研修実施等の業務を担当している者です。給与・社会保険事務、リクルーターなどは企画業務型裁量労働制導入にはなじみません。

設問事例に対する検討――幅広く業務を担当する人にはなじまない

実は企画業務型裁量労働制で悩ましい問題は、上記企画業務を行わせつつ、その他の業務をあわせて担当させている場合です。例えば採用業務を担当する中堅社員の中には、採用計画の調査・立案等の企画を行いつつ、リクルーター・面接などのオペレーション業務にも飛び回る例が見られます。これについては、担当者が突然病気になりその穴埋めのため数日間、臨時的に同社員が現場業務に多くの時間を割いた程度であれば、さほど大きな問題になりませんが、「常態」として、現場のルーティン業務に多くの時間を割いているとすれば、同裁量労働制の対象業務に該当しない可能性が高まります。特に中小企業は一般に企画と現場業務が混在状態であることが多いものです。そのため、同要件については緩和化を求める声が強く、2006年12月末に出された厚生労働省労働政策審議会労働条件分科会の「今後の労働契約法制及び労働時間法制の在り方について（案）」（労働契約法・労働基準法改正案の基となったもの）においても、以下の記述が見られました。

企画業務型裁量労働制の見直し
6(1)中小企業については、労使委員会が決議した場合には、現行において制度の対象業務とされている「事業の運営に関する事項についての企画、立案、調査及び分析の業務」に主として従事する労働者について、当該業務以外も含めた全体についてみなし時間を定めることにより、企画業務型裁量労働制を適用することができることとすること。

同記載については、労働側委員から中小企業と大企業で二重の基準を設けることになるとの反対意見が報告書に付記され、結果としては法改正案につながらず今に至っています。２０１７年秋の臨時国会で継続審議予定の改正労基法案もこの点については何ら改正項目に含めておらず、現状においても、企画業務型裁量労働制は「ジョブ型」雇用を前提とした制度といえます。したがって中小企業において幅広く業務を担当するスタッフ職には今なお同制度は不適格といえるように思われます。

対象者の範囲見直しの必要性

対象者の範囲については、やはり同対象業務を適切に遂行するための知識・経験等を有する労働者で、対象業務に常態として従事している者に限られるとされています。したがって指針でも明記されているとおり、少なくとも「大学卒3～5年程度の職務経験を有する社員」を対象とすべきであり、大学新卒者などは対象業務に該当したとしても、しばらくは適用除外としておくことが無難と思われます。何よりも対象者は、自らの判断で裁量的に仕事が進められるだけの「時間管理」「健康管理」を含めた「自己管理能力」が十分な社員としなければ、導入しても運用はうまくいかない可能性が高いです。

このため、やはり上記ケースにおけるEさんは企画業務型裁量労働制の対象としてはふさわしくなく、経営企画室員とはいえ、同裁量労働制の適用から外し、通常の労働時間管理をするべきです。

その一方、本社部門のスタッフ課長職などはライン職・スタッフ職とともに、それぞれ会社の事業運営に係る企画・調査・分析・立案業務に従事していることは間違いないと思われます。とすれば労使委員会の設置と決議が取れれば、本社部門については、企画業務型裁量労働制の導入は十分に可能と思われます。思うに、同裁量労働制の導入がなかなか進まない背景としては、何よりも「管理監督者」というコストがかからず労働時間管理から解放される融通無碍《むげ》な制度の存在がありました。しかし、最近、労基署はこの管理監督者性について、厳しい監督指導を行う傾向が高まっています。改めて管理監督者性に疑義がある管理職層については、企画業務型裁量労働制の導入検討も一考に値すると思われます。

改正労基法案における見直し案

現行制度上、企画業務型裁量労働制度は手続要件が厳格である上、対象業務の範囲が狭すぎるとの声も多く、企業の導入実績は極めて低調に留まっています。これに対し、２０１７年秋の臨時国会で継続審議予定の改正労基法案では、制度の趣旨に則した活用が進むよう、以下の見直し案が盛り込まれました。

まず企画業務型裁量労働制の新たな枠組みとして、近年のホワイトカラーの働き方の変化を踏まえ、以下の新たな類型を追加することが適当とします。①法人顧客の事業の運営に関する事項についての企画立案調査分析と一体的に行う商品やサービス内容に係る課題解決型提案営業の業務（法文では「法人である顧客の事業の運営に関する事項についての企画、立案、調査及び分析を行い、かつ、これらの成果を活用した商品の販売又は役務の提供に係る当該顧客との契約の締結の勧誘又は締結を行う業務」）。②裁量的にＰＤＣＡを回す業務（法文では「事業の運営に関する事項について繰り返し、企画、立案、調査及び分析を行い、かつ、これらの成果を活用し、当該事項の実施を管理するとともにその実施状況の評価を行う業務」）。

この対象業務範囲の詳細（肯定的要素および否定的要素の例など）については、改正法成立後に指針で具体的に示す予定としています。また、あわせて対象労働者の健康確保措置に係る選択肢の追加（長時間労働を行った場合の面接指導、深夜業の回数の制限、勤務間インターバル、一定期間における労働時間の上限の設定等）が検討されており、過重労働による健康障害防止の強化が図られる予定です。その一方で制度活用が進むよう、手続きの簡素化（労使委員会決議の本社一括届出、定期報告は6カ月後に行い、その後は健康・福祉確保措置の実施状況に関する書類保存義務づけ）なども示されています。

高度プロフェッショナル労働制案について

また改正労基法案のうち労使ともに注目が集まっているのが日本版ホワイトカラーエグゼンプション制度の創設案とも称される「特定高度専門業務・成果型労働制（高度プロフェッショナル労働制の創設）」です。これは一定の年収要件を満たし、職務の範囲が明確で高度な職業能力を有する労働者でこの制度適用に同意し、労使委員会決議・労基署への届出等がなされた場合を対象として、時間外・休日労働協定の締結や時間外・休日・深夜の割増賃金の支払義務等の適用を除外する新制度案となります。これまでも労基法において、管理監督者など一般社員に係る労働時間規制（36協定締結、時間外・休日割増賃金の支払い義務）を適用除外とする制度は存在しますが、深夜割増賃金の支払い義務はなお適用されていました。この点も含めて適用除外がなされる点で従前の労働時間適用除外制度と異なる性質を有します。

同適用除外制度案に対し、長時間労働と健康障害の危険性が高まる点が懸念されるところですが、今回の改正案では対象労働者の範囲を「一定の年収要件」「職務の範囲が明確かつ高度な職業能力を有する者」との縛りを設けるとともに、長時間労働を防止するための措置を講じることが要件として盛り込まれています。まず年収要件については、「１年間に支払われることが確実に見込まれる賃金の額が、平均給与額の３倍を相当程度上回る」と法定した上で、具体的な年収額については、労働基準法14条に基づく告示の内容（年収１０７５万円）を参考に法案成立後、改めて審議会で検討の上、省令で規定することが適当としました。平均給与額の３倍額は２０１３年の統計から試算すると９３７万円になると新聞等が報じていますが、いずれにしても年収１０００万円前後の相当な高年収の者のみを対象とすることを法文上明らかにするものです。さらに使用者との間の書面等の方法による合意に基づき職務が明確に定められていることを求めるとともに、対象となる「特定高度専門業務」の一例として「金融商品の開発業務、金融商品のディーリング業務、アナリストの業務、コンサルタント業務、研究開発業務」等を示しており、法案成立後、同じく審議会で検討の上、省令で適切に規定することが適当としています。また長時間労働等による健康障害防止対策としては、使用者に対し別途健康管理措置を講ずることを義務づける予定です（126頁以下）。

6　管理監督者のリスクと対応

保険営業販売等を行うY社において長年勤務していた中堅社員Xは次長に昇格し、管理監督者の扱いを受けることとなりました。ただ同営業所は30人規模の事業場であり、営業所長Cが所内における全ての決済を行っており、Xさんは次長昇格後も営繕業務を含む総務、経理、人事等の実務に主に従事しています。給料については、次長手当が3万円ほど支給されることとなりましたが、次長昇格前に支払われていた残業代を勘案すると、むしろ次長登用後、給料手取額が下がる結果となりました。また次長昇格後も在社時間は変わらないどころか、営業所長から早出出社して打ち合わせをすることが求められており、ほぼ毎日、始業時刻の1～2時間前には出社しています。Xさんは本当に管理監督者といえるのでしょうか。

管理監督者とは誰か

一昔前、「管理職」の肩書きは光り輝いており、誰しも「課長」「部長」への昇進に憧れ、管理職名が入った名刺をさし出すことは誇らしく思えるほどでした。しかしながら今日では管理職の威光が薄れるとともに、様々な課題山積に喘いでいるようにも見えます。最近の管理職をめぐる法的課題としてまず挙げられるのが、労基法41条2号の適用範囲（「事業の種類にかかわらず監督若しくは管理の地位にある者」（以下、管理監督者）に係る問題です。

同条では管理監督者に該当する場合、「（労働基準法）第6章及び第6章の2で定める労働時間、休憩及び休日に関する規定」を適用除外とする旨定めており、この中には法定時間外割増賃金の適用除外も含まれています（ただし、深夜割増賃金については管理監督者であったとしても適用除外されない点に注意）。

裁判例における管理監督者の判断基準は概ね以下のように整理できます。

Ⅰ　その職務の内容が、ある部門全体の統括的な立場にあるか否か→「経営の方針の決定に参画する者」

Ⅱ　部下に対する労務管理上の決定権等について一定の裁量権を有しているか、部下に対する人事考課、機密事項に接しているか否か→「労務管理上の指揮権限を有する者」
Ⅲ　対象者の出退勤についての規制の有無ないし程度→「出退勤の厳格な規制の有無」
Ⅳ　当該対象者が、管理職手当ないし役職手当等の特別手当が支給されていること。そしてその手当と時間外労働の時間等との関連の有無→「地位に応じた報酬か否か」

以上の要素を総合考慮し判断するものですが、概ねⅠまたはⅡのいずれかを満たし、かつ、Ⅲ、Ⅳが認められるものが「管理監督者」とされています。その一方、企業の中には、自社が位置づける管理職が「管理監督者」に該当するとし、労働時間の適正把握とこれに対応した時間外割増賃金の支払い対象から除外する例が散見されました。企業によっては、就業規則に以下のような定義規定を設けていましたが、ここで定められた管理監督者の役職等は概ね労働組合の加入資格と連動していました。

〈コンプライアンス上、疑義が生じうる規定例〉第○条（管理監督者の適用除外）
職能等給○号以上の部門長及びスタッフ職（○号同等職）は、労基法41条第2号に定める管理監督者にあたるものとし、勤務時間、休憩、休日、時間外勤務および休日勤務に関する規定を適用しない。同対象者の詳細については、社内規定において定める。

このような取扱いが一般的であった企業実務に対し大きな衝撃を与えたのが、日本マクドナルド事件（東京地判２００８年１月28日労経速１２６１号１２１頁）です。実は同判決が登場する前から、行政解釈および下級審裁判例では「管理監督者」の範囲を限定的に解しており、前述のような規定を設けていたとしても、行政・裁判所ともに実態に応じて判断していましたが、企業実務では広く認知されていませんでした。そのような中、同判決を契機としたマスコミの大々的な報道により、社会的にも「名ばかり管理職問題」が大きな注目を浴びることになります。

名ばかり管理職問題とは何だったのか

同事件の概要と判決内容は以下のとおりです。同事件では店舗の店長が自らを「管理監督者」に該当しないと主張し、時間外割増賃金等の支払いを求めたものですが、裁判所の認定事実によれば、同店長にはパート・アルバイトの採用権限は当然として、パート等の時給額の決定権限がありました。またこれらパート等の昇格、人事考課から昇給決定まで店長にその判断権限が付与されています。その他、店舗損益計画を店長自ら作成し、状況変化に対応して修正ができること、食材、人件費等の支出決済権限が付与されていること、店舗営業時間の変更権限などが付与されていることなどもあわせて認められました。これらの認定事実から裁判所も「店長は店舗運営において重要な職責を担っていることは明らかである」とし、店舗の労務管理、経営上に相応の権限が付与されていたことを認めます。

その一方で、同地裁判決では次のとおり判示しました。「店長の職務、権限は店舗内の事項に限られるものであって、企業経営上の必要から、経営者と一体的な立場……重要な職務と権限を付与されているとは認められない」。そのような評価の前提として、同判決では、同社店長が正社員の採用権等がないこと、正社員の人事評価に店長は関与するだけで最終的な決定権限がないこと、全国展開する飲食店という性質上、店舗で独自メニューを開発したり、原材料仕入れ先を自由に選定したり、商品価格を自由に設定することが予定されていない、店長は被告の企業全体の経営方針の決定に関与するものではない等の事実を指摘し、結論として店長の管理監督者性を否定し、同人の請求を認容しました（同事件は控訴後、2009年3月18日付で和解成立）。

「プレイング・マネージャー」の視点から見た「管理監督者」問題

同事件はその後、行政通達等の発出にも影響を及ぼしましたが、裁判例の認定事実を改めて読み返すと、実は管理職の「プレイング・マネージャー」問題が本事案の真の課題であることが浮き彫りになります。同事件における店長の勤務実態を見ると、店長は店舗のマネジメント業務とともに、特に早朝・深夜時間帯のアルバイト不足への対処のため、店長自らが身を粉にして調理・接客などの業務、つまりはプレイヤー業務に従事していました。長時間労働の要因としては、むしろプレイヤー業務の負荷が大きかったように思われます。このようなケースでは同店長が店舗のマネジメントに相応の権限が付与されていたとしても、その実態に照らして労働時間規制を排除することは確かにバランスを欠きます。同地裁判決はそのような事実関係の下での判断であると見るべきです。

「踊り場」における労務管理――管理職と非管理職の間

前記事例におけるX次長もまさにプレイング・マネージャーであり、主に日々の総務等のオペレーション業務に従事しています。したがって、先の管理監督者の定義に照らしても、前記裁判例から見ても、同人が争った場合、管理監督者性は否定され、残業代などの遡及払いが認められる可能性があります。

これまでは中堅社員層に対する労務管理としては、一足飛びに「管理監督者」として処遇し、「それなりの」権限・報酬を付与し、その代わりとして時間外割増賃金等の支払いを行わない対応が多かったわけですが、前述のとおり、プレイヤー的業務がなお実態として主の場合、管理監督者性が否定され、時間外割増賃金請求などのリスクが現実化する可能性が大です。企業側としても同リスクを未然に防止すべく、以下のいずれかの方策が考えられます。

〈管理監督者性の強化〉

同人の職務内容・責任・報酬を「管理監督者」にふさわしいものに見直し、従前どおり「管理監督者」として処遇。

〈管理監督者性否定のリスクを織り込んだ労働時間・賃金制度の見直し〉

管理監督者性の強化が望ましいことはいうまでもありませんが、企業組織および人件費管理の面からも同対応は容易ではありません。むしろ同リスクを織り込んだ上での対応が現実的と思われますが、さしあたり以下の点などが対応策として挙げられます。

①労働時間管理について

本社の企画部門、専門業務などに配置する場合は企画業務型・専門業務型裁量労働制の導入を検討。それ以外については、一般の労働時間管理。

②賃金制度について

定額残業代制度の導入。なお同定額残業代に織り込んでいた時間数を超えた時間外労働が発生した場合は、これに応じて別途残業代を支給。

また日本マクドナルド事件のように、マネジメント業務とプレイヤー業務（調理等）の峻別が容易である場合は、業務に応じた契約・賃金管理を行うことも検討に値します（例えば、アルバイト不足のため調理業務に従事している際の時間給とマネジメント業務の時間給を別とし、労働時間数も別途把握管理する方法）。しかしながら業務に応じた労働時間数を別途管理するのに困難を来すことと、賃金計算上の煩雑さなど導入上の課題もなお残ります。

7　長時間労働・在社による健康障害防止対策

裁量労働・管理監督者の過労死・過労自殺も会社の法的責任に

多様な労働時間制度の導入・運用に際し、見落としてはならないのは、過重労働による健康障害防止対策の重要性です。通常の労働者はもちろん、前記の事業場外みなし、フレックス制、裁量労働制さらに管理監督者などの対象社員も過重労働が認められた場合、労災認定さらには民事損害賠償請求の対象となりえます。多様な労働時間制度の適用対象者であっても労働契約である限りは、通常の労働者と概ね同様に「在社時間状況」等を把握し、これが長時間在社に及んでいる場合には、健康障害防止のため在社時間数削減のための対応も時に必要不可欠です（新ガイドライン上も、同様の指摘あり）。

いわゆる過労死・過労自殺に係る労災認定基準について

我が国においては、労働者が業務に内在する危険が現実化することによって、職業性疾病などに罹患した場合には労災保険から様々な給付がなされます。過重労働による健康障害についても、厚労省は労災認定基準の整備を進め、２００１年には過重労働による脳心臓疾患の労災認定基準を大改正し、次のような過重労働が認められる場合、概ね業務上認定される実務運用としました（２００１年12月12日基発１０６３号）。

「発症前１カ月間におおむね１００時間又は発症前2カ月間ないし6カ月間にわたって、

１カ月当たりおおむね80時間を超える時間外労働が認められる場合は、業務と発症との関連性が強いと評価できること」

また厚労省は精神障害の業務上判断に関し、詳細な認定基準（２０１１年12月26日基発１２２６第１号「心理的負荷による精神障害等に係る業務上外の認定基準について」（以下、認定基準））を定め、これを基に全国の労基署で以下の基準をもって、画一的に認定を行わせることとしています。

①対象となる精神障害を発病していること、②精神障害の発病前概ね６カ月の間に、客観的に当該精神疾患を発病させるおそれのある業務により強い心理的負荷が認められること、③業務以外の心理的負荷および個体的要因により当該精神障害を発病したとは認められないこと、の全てを満たす場合に、同疾患が業務上のものとして取り扱われるとします。

業務過重性の判断基準とは

ここで特に問題となるのが②の業務過重性判断ですが、厚労省は「業務による心理的負荷評価表」を策定しており、以下の長時間労働が業務過重性に該当することを明らかにしています。まず同認定基準では発病前概ね6カ月の間に「極度の長時間労働」が認められた場合、労災認定の対象としますが、その例として、発病直前1カ月あたりの時間外労働時間数がおおむね160時間を超えるような、またはこれに満たない期間にこれと同程度の（例えば3週間におおむね120時間以上の）時間外労働を行った場合を挙げています。なお、ここで評価されるべき時間外労働時間は「1週40時間を超える労働時間をいうが、労働時間数は長いものの手待ち時間の割合が多く労働密度が特に低い場合には、心身の極度の疲弊、消耗を来すとは評価できないものであるから、単純に時間外労働時間数のみで判断すべきではない」としています。

また同認定基準では恒常的長時間労働を「月100時間程度となる時間外労働」と明確に定義した上で、その前または後に業務上の心理的負荷が中程度と評価される出来事が生じた場合は業務上認定の対象としています。

さらに認定基準では、新たに「2週間以上にわたって連続勤務をおこなった」という出来事を設け、以下の過重性判断を行うこととしています。

●1カ月にわたって連続勤務を行った「強」

●２週間（12日）以上にわたって連続勤務を行い、その間、連日、深夜時間帯に及ぶ時間外労働を行った（いずれも、１日あたりの労働時間が特に短い場合、手待時間が多い等の労働密度が特に低い場合を除く）「強」

同じく認定基準では、「仕事内容・仕事量の（大きな）変化を生じさせる出来事があった」について、以下のとおり具体的な時間外労働時間数等を示し、過重性判断を容易にすることとしています。

●仕事量が著しく増加して時間外労働時間も大幅に増える（倍以上に増加し、１カ月あたりおおむね１００時間以上となる）などの状況になり、その後の業務に多大な労力を費やした（休憩・休日を確保するのが困難なほどの状態となった等を含む）「強」

以上のとおり、いわゆる過労死・過労自殺等の労災認定においては、月あたり「80時間」「１００時間」の法定時間外労働が重要な考慮要素であり、認定実務においても問題となることが多いものです。

長時間労働の原因とその対策

そもそも労災認定等の対象にもなりうる長時間労働はなぜ生じうるのでしょうか。この問題について、2015年版労働経済白書では労働者等への大規模なアンケート調査を行い、以下の分析を行っています。

まずその要因として挙げられるのが①「業務の繁閑の激しさ」です。百貨店のお歳暮商戦を例に挙げるまでもなく、業種・業態ごとに繁閑は生じえます。この繁閑さに応じて、必要となる要員に変動が生じますが、我が国では周知のとおり整理解雇法理などの解雇規制法理が定着している上、労使関係においても、雇用の安定を最優先とする傾向がなお強く見られます。そのため繁忙期でも社員数の増加を抑制し、既存社員らの時間外労働増で乗り切ろうとする運用実際がなお見られるものです。この結果として繁忙期の長時間労働が生じえます。また、この繁忙期が想定を超えて継続化した場合（商品のブーム到来など）、長時間労働が恒常化する懸念も生じます。

次に挙げているのが②「人員の不足」です。最近になり、少子高齢化、労働力減少の影響を誰もが感じるようになり、介護、物流、建設、製造、小売・外食など様々な業界において人員不足が深刻化しています。恒常的に欠員が生じているため、その穴を埋めるべく、社員等の長時間労働が慢性化している場合がみられます。

さらに③「仕事の性質や顧客の都合上、所定外でないとできない仕事があるから」という声も聞かれます。日中は顧客対応等に忙殺され、その後にデスクワークを長時間行うという働き方・働かせ方が常態化すると、これも長時間労働の一因になりえます。

長時間労働の是正策については、その要因を究明することによって様々な対策が立案できます。まず業務の繁閑の激しさ、人員不足による長時間労働については、何よりも新規採用増や非正規雇用の活用などによる人員確保が考えられますし、近年、一部の大手運送業に見られるように業務委託の受注条件自体を再検討し、こなしきれない業務量の調整をなす等の対策も有効でしょう。所定外でないとこなせないための長時間労働も、社員に配布しているスマートフォンなどの情報端末機器等の活用を通じ、外勤接客中の業務効率化を図り、所定外労働の削減につながった例も見られます。そもそも今の業務自体に無駄がないのか、そしてその無駄を省きつつ、付加価値を高める方法はないのか、不断に改善活動を続けることが何よりも長時間労働対策として有効です。

また労働安全衛生法は労働者の安全と健康を守り、労働災害の防止を主目的とした法律ですが、近年、長時間労働に対する健康障害防止対策として医師の面談制度が設けられ、労基署も監督指導を強化しています。以下、その内容につき解説します。

長時間労働者に対する産業医面談制度

前記のとおり、近年の過労死、過労自殺事案の増加を受け、労働安全衛生法上、長時間労働者に対する医師面談制度を設け、長時間労働は労働安全衛生上の問題でもあることを明らかにしました。

> 労働安全衛生法第66条の8（面接指導）（罰則設けられず）
>
> 事業者は、その労働時間の状況その他の事項が労働者の健康の保持を考慮して厚生労働省令で定める要件に該当する労働者に対し、厚生労働省令で定めるところにより医師による面接指導を行わなければならない
>
> 労働安全衛生規則第52条の2（面接指導の対象となる労働者の要件等）
>
> 法第66条の8第1項の厚生労働省令で定める要件は、休憩時間を除き1週間当たり40時間を超えて労働させた場合におけるその超えた時間が1カ月当たり100時間を超え、

かつ、疲労の蓄積が認められる者であることとする

まず同制度の対象となる長時間労働が問題となりますが、週40時間超の労働時間が１カ月あたり１００時間を超え、かつ疲労の蓄積が認められる者が対象となります。この１００時間に含まれる時間については、行政通達では法定時間外労働のみならず法定休日労働も含め、週40時間超か否かを判別することとしており、その算定方法として次の式を示しています（今後、面接指導の対象となる時間について、「１カ月あたり80時間超」への改正が検討されている点にも注意が必要）。

１カ月の総労働時間数（労働時間数＋延長時間数＋休日労働時間数）－（計算期間（１カ月）の総暦日数÷７）×40

裁量労働制では使用者の健康チェックは必須

ここでまず問題となるのが、前記の専門業務型裁量労働制、企画業務型裁量労働制適用対象の労働者です。適法にこの制度が導入されている限り、適用対象労働者の労働時間にはみ

なし労働が適用されており、労働時間数の把握ができないように見えますが、そもそも裁量労働制には前記のとおり「使用者の健康・福祉確保措置」の実施が義務づけられています。この措置を講じるにあたり、対象労働者の勤務状況を把握することが必要とされており、具体的には「対象労働者がいかなる時間帯にどの程度の時間在社し、労務を提供し得る状態にあったか等を明らかにし得る出退勤時刻又は入退室時刻の記録等によるものであることが望ましい」とされていました。長時間労働者の面接指導の対象に該当するか否かも、同様の方法で確認することが求められています。

その一方、管理監督者および事業場外みなし労働については、上記のような「勤務状況の把握」は会社側に義務づける明文上の規定がありません。このため現行法上、管理監督者については、労働者自らが「時間外・休日労働が月100時間を超え、かつ、疲労の蓄積が認められる」と判断し、申出があった場合にのみ面接指導を実施することとしていましたが、課題の指摘がなされ、法改正の検討が進められています（後述）。

面接指導の流れと事後措置

面接指導の流れですが、上記基準を満たした労働者が申出をすることにより、医師による面接指導が行われることになります。また産業医は上記基準に該当する労働者に対し、医師面接の申出を行うよう勧奨することが望ましいものとされています。

その上で、医師面接指導において、医師がこの労働者の勤務の状況、疲労の蓄積の状況および心身の状況を確認する面接指導を実施の上、会社側が当該の医師から意見聴取をなし、必要に応じて事後措置等を講ずることが求められることになります。なお労働者側は事業者の指定した医師を希望しない場合、他の医師による面接指導を受け、その結果を証する書面を代わりに提出することも可能とされています。

この面接指導を受けて、会社が行うべき事後措置としては、労働者の実情を考慮して以下の対応が考えられます。就業場所の変更、作業の転換、労働時間の短縮、深夜業の回数の減少等です。また会社は当該の医師の意見について、衛生委員会等への報告等の措置を講じることがあわせて求められます。なお面接指導の費用については事業者負担を、面接指導時の時間に係る賃金については、賃金支払いが望ましいとしつつ、労使が協議して定めるべきことを許容しています。

全ての労働者に対する「在社時間」管理の重要性

過労死・過労自殺等の労災認定事案を見ると、管理監督者や裁量労働制適用対象者が長時間労働等の結果、疾患を発症し、労災認定の対象とされているケースが少なくなく、管理監督者や事業場外みなし労働適用者等の労働時間把握と健康障害防止対策の重要性も一方で指摘されてきました。これに対し、2017年秋の臨時国会で継続審議予定の改正労基法案のもととなった審議会答申では、「過重労働による脳・心臓疾患等の発症を防止するため労働安全衛生法に規定されている医師による面接指導制度に関し、管理監督者を含む、すべての労働者を対象として、労働時間の把握について客観的な方法その他適切な方法によらなければならない旨を省令に規定することが適当である」と明記されました。さらに「合わせて、面接指導制度の運用に当たり、管理監督者について……客観的な方法その他適切な方法によって把握した在社時間等に基づいて要件の該当の有無を判断し、面接指導を行うものとすることを通達に記載することが適当」であるとしています。以上のとおり、管理監督者、さらには事業場外みなし労働者に対しても、踏み込んだ労働時間ないし在社時間管理を行うことを求めている点も、実務上注目すべき改正案と指摘できます。

2つの時間（労働時間と在社時間等）の把握の必要性

前記のとおり、過労死・過労自殺に係る労災認定において、法定時間外労働が月間１００時間超か否かは重要な判断基準とされていますが、その時間はそもそも労基法上の労働時間と同一なのでしょうか。厚労省の行政通達を見る限り、労災認定上の労働時間と労基法上の労働時間は変わらず同一と解しているようですが、裁判例の中には労災認定における過重性評価のための「労働時間」を労基法上のものと比べ、拡張する傾向が見られます。例えば、脳心臓疾患の労災認定に係る裁判例では労基法上の労働時間に該当しえないＱＣサークル活動時間（豊田労基署長（トヨタ自動車）事件　名地判２００７年11月30日労判９５１号11頁）、技術士試験勉強のための自宅学習時間（国・さいたま労基署長（鉄建建設）事件　大阪地判２００９年４月20日労判９８４号35頁）などの労働時間を明確に労災認定上の過重性評価に加えています。

また精神障害の労災認定においても、労基法上の労働時間性が原則として否定されている出張の際の移動時間について「使用者の指揮命令下に置かれたものとは認められないが、労働者は、移動中、当該交通機関に乗車する以外の行動を選択する余地はなく、その時間中不自由を強いられることからすれば、業務起因性の判断に際しては、これを労働時間としてとらえることが相当」とする例があります（神戸東労基署長（川崎重工業）事件　神戸地判2010年9月3日労判1021号70頁）。さらに通勤時間を「会社の業務の必要から社宅に入居していたのであるから、その通勤時間も業務の必要からする拘束時間と見るべきところ、その時間は1日3時間に及ぶ」とし、自宅でメール受送信などの持ち帰り残業を行った場合、通勤時間も含め「社宅時間外労働」と認定し、これを過重性評価に含めている例なども見られるものです（中央労基署長（日本トランスシティ）事件　名地判2009年5月28日労判1003号74頁）。

「健康管理時間」という新たな概念と必要な労使決議

厚労省も同裁判例の積み重ねの影響を受けてか、前記のとおり、通常の労働者はもちろん、裁量労働者、管理監督者等についても「在社時間」等による長時間在社の把握と面接指導の実施を強く義務づける方向に舵を切りつつあります。さらに前記の高度プロフェッショナル労働制案では、「健康管理時間」という新たな概念を定立し、同管理時間が前記基準（法定休日労働時間数を含め、月100時間以上の法定時間外労働時間）に該当した場合、対象労働者に対し、長時間労働の面接指導義務化のほか、以下の健康配慮措置のうちいずれかを講ずることを義務づける施策を打ち出しています。

①労働者に24時間について継続した一定の時間以上の休息時間を与えるものとし、かつ、1カ月について深夜業は省令で定める回数以内とする

②健康管理時間が1カ月又は3カ月について一定の時間を超えないものとすること

③4週間を通じ4日以上かつ1年間を通じ１０４日以上の休日を与えること

この「健康管理時間」について、厚労省は「事業場内にいた時間」＋「事業場外で業務に従事した場合の労働時間（※自己申告）」によって算定することとしますが、その方法として、事業場内勤務はタイムカードやパソコンの起動時間などによることとし、事業場外勤務に限って自己申告を許容することが例として示されています。

まさに在社時間等をもって、幅広に健康管理時間を捉えるものですが、注目すべきはその例外です。前者の事業場内の在社時間に含まれないものとして「労使委員会が厚生労働省令で定める労働時間以外の時間を除くことを決議したときは、当該決議に係る時間を除いた時間」としました。厚労省側は指針等でその判断枠組み自体は示すとは思われますが、会社が健康管理時間として法的責任を負うべき「在社時間」とそれ以外の時間を、労使委員会の決議、つまりは労使自治に委ねるという考え方自体は極めて示唆的であり、今後の新たな労働

時間・労働安全衛生法制の萌芽とも指摘しうる動きといえます。
2つの労働時間、とりわけ安全配慮義務の観点から見た「在社時間」は、労使双方が時間管理に無関心であり続ける限り、裁判所等も個別事案に応じて、拡大解釈していく可能性があります。この拡大解釈への歯止めとともに、労働・在社時間の適正管理の徹底という観点からも、今後、労使で話し合って労働の在社時間管理に関するルールを決めていくことは極めて重要です。

〈第3章まとめ〉

本章では労務管理上のリスクを挙げながら、社員類型ごとに導入検討しうる多様な労働時間制度について紹介しました。裁量労働制などの諸制度を導入すると、労働者に業務遂行方法・時間配分が委ねられるとともに、労働時間のみなしを適用できる等、労使双方に導入メリットが認められます。他方、本章で解説したとおり、各制度には適用要件・手続が厳格に定められており、これに反した場合、労基法上の労働時間規制が原則どおり適用される点に注意を要します。

また全ての社員にとって何よりも重要であるのが、長時間労働による健康障害の防止対策です。改正労基法案の基となった審議会答申には、管理監督者、裁量労働対象者を含め、在社時間数の把握と長時間労働者面談の実施を強く求める内容が盛り込まれている上、高度プロフェッショナル労働制案には、新たに健康管理時間という概念が登場しています。この健康管理時間では、労使委員会決議をもって、例外を定めることができるという新たな制度設計の萌芽も見られ、今後の法制の動向にも留意すべきです。また長時間労働防止対策は原因ごとに多種多様です。次章ではいかにして働き方改革を進めていくべきか、法的視点から解説します。

第4章　働かせ方、働き方改革の進め方

A課長は働き方改革推進室長に就任することとなり、22時消灯、週1回の定時退社厳守など矢継ぎ早に長時間労働防止対策を講じることとしましたが、管理職はもとより一般の社員からも次のような反発の声が聞こえてきます。「働き方改革はいいけれど、残業するなという上からの圧力が大きすぎて、仕事をこなせない。これもハラスメントの一種ではないか」等。A課長自身も自身の部下に対し、再三再四早く帰れと指示していますが、以前は喜んで帰っていたところ、最近では不満顔で帰社している様子です。どのように考えればよいでしょうか。

1　働き方改革の進め方

経営の最重要議題となりつつある「働き方改革」

これまで企業での経営会議等において、「人事労務施策」とりわけ「労働時間制度」が中心議事となることは珍しく、「その他事項」などでの報告に留まることが多かったように思われます。総務・人事担当役員も、経営会議等にそもそも労務案件を上程することがないよう、前例を踏襲し、そつなく問題処理ができるタイプの幹部が登用される傾向が見られました。

しかしながら、最近の働き方改革の動きや労働時間問題のリスクが顕著に高まっていることを受け、多くの企業トップは「労働時間制度改革」「働き方改革」に対し、強くコミットメントするようになり、人事労務施策も経営会議等で一躍、中心課題になることが増えています。そのような中、経営トップからの指示で、社内に「働き方改革推進室」などが急遽設けられ、A課長のように突然、働き方改革の立案を求められることがありますが、どのようにA課長は働き方改革を進めていけばよいのでしょうか。

ダイエットと働き方改革は類似している？

ともすれば、働き方改革もまずは「形」からということで、冒頭事案のように「22時一斉消灯」「定時退社デー」、さらには人事部課長・労働組合等の「夜回り」による退社勧奨など様々な長時間労働削減対策が悲喜こもごも展開されています。しかしながら、A課長らの努力とは裏腹に、上司等はもちろん一般の社員からもこれらの対策について芳しい評価は聞こえてこず、むしろ「時短ハラスメント」などという新語も散見されるところです。

実のところ、長時間労働の削減とダイエットは似ている面があるように思います。ドラッグストアに行くと、様々なダイエットフードが魅力的に陳列されています。低カロリーである上、栄養価も高いのですが、ダイエットを志す者、このダイエットフードを買い漁るだけでは、その目的を達することが困難です。様々な方法がありますが、筆者自らの経験でいえば食生活・生活習慣を正しく記録し、何がダイエットを阻む要因であるのか、その問題をいかにして改善していくかを考えた上で、ジムに通ったり、各種ダイエットフードを活用するという「レコーディングダイエット」は極めて有効なダイエット方法の一つといえます（レコーディングダイエットについては、岡田斗司夫著『いつまでもデブと思うなよ』（新潮新書）等をご参照のこと）。長時間労働等の是正においても、ダイエットフードならぬ「オフィスの一斉消灯」などの個別対策に手当たり次第に飛びつくべきではなく、まずもって自社の労働時間の実態把握（レコード）と対策検討が先決と思われます。

在社時間と自己申告時間とのズレ

長時間労働是正対策は何よりも労働時間の実態把握が出発点となりますが、問題はいかにして自社の労働時間数を適正に把握できるかです。特に在社時間と自己申告時間とのズレが著しい職場では、この実態把握が容易ではありません。労働時間性判断を厳格に行っているのは民事訴訟における下級審裁判例ですが、これまでの傾向としては、前述のとおり使用者が労働時間の適正管理を怠っていた場合、労働者側の主張をもって、いったんは労働時間を推認し、使用者側が的確に反証できない限り、在社時間をもって労働時間とみなす裁判例も見られました。しかしながら、最近の裁判例を見ると、以下の判断事案も存在します。

ヒロセ電機事件（東京地判２０１３年5月22日労経速２１８７号3頁）では、会社が時間外勤務命令書（実労働時間を本人が自己申告）をもって労働時間管理を行っていたところ、労働者側から入退館記録表を基にした残業代請求が争われた事案です。同判決ではまず一般論としては、労働者が事業場内にいる時間は、特段の事情がない限り、労働に従事していたと推認すべきとする一方、同社では就業規則において時間外勤務は上司からの指示によるものとされ、無断残業が禁じられていた上、時間外勤務命令書において毎日個別に残業命令がなされていた点を重視しました。また福利厚生の一環として、業務外の会社設備の利用（居室、休憩室、パソコン等）を認めていたことなどから、時間外勤務命令書に記載された「命令時間」を加算した時刻を過ぎた入退館記録があるとしても、そのことだけをもって、未払分の残業代（未把握分の時間外労働）は認められないとし、従業員側からの残業代請求を退けたものです。このような裁判例をどのように考えるべきでしょうか。

いかにして労働時間の明確化を進めるか

東京三弁護士会所属の労働問題に精通した弁護士と東京地方裁判所労働部判事とのエキサイティングな座談会が掲載された「割増賃金事件の審理に関する弁護士会と裁判所との協議会」（判例タイムズ２０１２年５月15日号１３６７号29頁以下）は必読文献といえますが、在社時間と自己申告時間とのズレに係る労働時間性判断の問題をめぐり、峰隆之弁護士と渡邉弘判事との間で以下の注目すべき対話が見られます。

（峰隆之弁護士）「いろんな職務内容あるいは業務量等から、例えば居残って仕事をする必要性、要するにそこまでの残業の必要性はない…タイムカードで始業・終業時刻がはっきりと打刻されているケースでは、防御できる範囲がほとんどないくらいに狭められてしまう印象があります…その辺り、どのような事例で使用者側の反証が奏功して、その間の労働時間性が否定されているのかという点が知りたい部分です」

（渡邉弘判事）「私の経験事例では、勤務時間中の中抜けの事実又は日頃の実態を上司・同僚からの聴取やパソコン記録等により、中抜けの事実・勤務実態や、パソコン・メールの業務外使用を数例でよいから浮かび上がらせ、これによって…弾劾に成功したものが少なくないのです。そうした事案では早期に使用者側に有利な方向で和解決着していきます。これは使用者側の意気込み次第かなと思います」

（峰隆之弁護士）「どの程度、使用者側が弾劾の主張をしなければならないのか」（等の質問に対し）

（渡邉弘判事）「私たちは、労働者側に対して、朝８時から夜10時まで事業所に居た事実だけではなく、いかなる目的でどんな業務に従事していたのか、何故その時間に遂行しなければならなかったのか等につき主張立証を尽くしてもらいます…（使用者側が）調査の結果判明した、労働者側の主張に対し合理的な疑問を抱かせる事実を丁重に拾って提起していくのか、このような努力を尽くすかどうかで訴訟の帰趨《きすう》が決してしまうことも事実なのです」

以上の座談会での対話に見られるとおり、裁判所は必ずしも全ての在社時間＝労働時間＝

残業代支払い対象時間とは捉えていないとうかがえます。前記ヒロセ電機事件も「在社時間は労働時間と推認すべき」と一般論を展開する一方で、上司の指揮命令および労働者本人の労務提供の事実自体が不明確であったため同結論に至った側面が見られます。やはり労働時間性判断は、労働契約の本旨のとおり、「使用者の指揮命令」とともに「労働者側の労務提供」の双方が考慮要素となります。指揮命令がない上、労働者側の「労務提供」が認められない場合には、在社時間と労働時間にズレがあったとしても、そのことのみをもって労働時間性が肯定されるものではありません。

長時間労働の予防対策を進めていくにあたっても、在社時間と自己申告時間との間のズレを直視し、いかにして労働時間の明確化を進めていくかが対策の鍵となります。そのためには、改めて上司の指揮命令内容、そして労働者自身の労務提供を「見える化」し、これを記録することが必要といえます。以下では、この「見える化」の見地から、改めて上司の働かせ方、部下の働き方の改革方法について解説します。

2　上司の働かせ方改革について

上司の働かせ方と「労働時間主権」

筆者は上司の働かせ方について、かねてから上記の課題認識を有していたところ、営業社員の働かせ方に係る好書である『そんな営業部ではダメになる』（藤本篤志著、日本経済新聞出版社）に接し、目から鱗《うろこ》が落ちました。藤本氏は株式会社スタッフサービス・ホールディングス取締役を経て、現在は営業分野等のコンサルティング業務等を展開していますが、同氏がまず指摘するのが「現場経験こそが営業マンを育てる」という幻想の下、営業研修等を重視せず、失敗を繰り返す多くの会社営業部の惨状です。

確かに近時、外勤社員等からの残業代請求事案を見ると、研修やチームワーク等がない中、「現場経験」の繰り返しで営業成果を上げられず、転職を繰り返す社員らからの訴訟提起が散見されます。これに対し、同氏は営業改革の3本柱として①営業量の倍増、②営業知識量の倍増、③チームワーク量の倍増、そしてこれを実現するために営業課長等のマネージャー層がプレイング・マネージャーから脱皮し、マネジメント業務に専念すべきことを強調します（詳細については同書参照）。つまり今の上司はプレイヤーとしてはともかく、管理職として本来なすべきマネジメントを行っていないと厳しく指摘するものです。このことは裏返していえば、上司が部下に対し仕事のやり方や時間配分などを「放任」しており、上司は部下の仕事のやり方そのものに口を出さないという労働時間のいわば「労働者主権」が存在しうるということです。その一方、人事評価上、顕著な成果が見いだせない限り、本人のやる気や協調性・同調性をもって上司が人事評価をする傾向もあり、その結果として恒常的な長時間「在社」につながる側面があったと思われます。

同課題は営業系社員のみならず、事務系社員、技術系社員にも同様に存在するものといえます。社員の働き方を上司のマネジメントによって「見える化」に転じていくことは、労働時間法上のリスク回避とともに、営業力・商品開発力など生産性向上にもつながるものと考えます。このためには、改めて上司の「働かせ方」を「現場でのＯＪＴ」一本槍でなく、所定労働時間内にやるべき仕事を定め、その進捗管理を行うことをもって、「労働時間」の主権をいわば部下から上司に取り戻す対策が考えられます。

外勤職の労働時間の適正な把握は無理なのか？

このような議論を現時点で行うと、おそらく多くの上司は、部下の労働内容や労働時間を個々にチェックすることなどできないと悲鳴を上げることでしょう。確かに事務系社員の多くは前記のとおり工場労働と同じ労働契約とはいえ、時間・場所的拘束が性質上緩やかとならざるをえない上、その業務遂行方法、時間配分などを上司がつきっきりでチェックすることは現実的ではありません。

とりわけ営業職などの外勤職は物理的にも上司から離れて業務に従事しているものですが、上司等が同人らの仕事のやり方を見える化し、労働時間等の把握と働き方改善を行うことは本当に不可能でしょうか。これについて、あらかじめ同外勤社員に対し外勤労働における行動準則を示し、同ルールに基づき指揮命令がなされていることを前提とした労働時間把握・効率化の可否が争われた下級審裁判例（福岡地判2013年9月19日判例時報2215号132頁）が極めて参考となります。

同事件ではタクシー会社における運転手の労働時間が問題となったものですが、同社ではタコグラフ等で記録された運転手の運行状況から、車庫以外での5分を超える駐停車時間を休憩時間として実労働時間から控除していました。同取扱いが違法であるか否かが争われたところ、結論として労働者側請求が認容されていますが、判決では労基法上の労働時間性判断に係る理由中、次の注目すべき判示を行っています。

まず「タクシー運転手の休憩時間は、場所、時間帯や気候等の諸条件により乗客獲得見込みが異なるため、一定程度、タクシー運転手の判断に委ねざるを得ず、使用者において把握することが困難な特質があることに鑑みると、経営上の必要性から、使用者により事前に、客待ち時間の制限や客待ち場所等の指定等の指導がされ、使用者の指導を超えた駐停車時間を、休憩時間と評価する就業規則等を定めることも、一定の合理性がある」とするものです。その上で、同合理性の判断基準として、「①当該指導の内容が使用者の経営方針やタクシー営業の実態に鑑みて合理的であると認められること、及び②使用者から当該指導の内容について、職場の見える場所に掲示して周知する他、点呼等の際に、タコグラフ等によって把握できる各タクシー運転手の勤務状況に応じて、当該指定が遵守されていないタクシー運転手に対し、使用者の指定を遵守するよう個別に指導をする等、従業員であるタクシー運転手に対し、一般的な注意に止まらず、指導を超えた駐停車時間が休憩時間と評価されることが実質的に周知されていると認められることが必要であるとするのが相当」としました。

同判決のあてはめでは同合理性が否定されたものですが、上記で展開された労働時間をめぐる判断は実務的にも大きな示唆が得られます。つまり外勤社員など労働時間の把握が困難な特質がある場合、あらかじめ外勤における合理的な行動準則を就業規則等で定め、これを実質的に周知していれば、原則として労働時間の判別が当該基準をもって行いうることを示した判断と評価することが可能と考えるものです。それでは、このように解する場合、実務対応上いかなる対策が考えられるでしょうか。試論ながら労働時間ガイドラインの策定・実質周知を通じた労働時間の適正な把握の可能性について以下検討します。

労働時間のガイドラインを策定する

例えば外勤営業社員の働き方を考えてみると、多くの企業では、営業職について新人であろうとも本人任せとする傾向が見られ、外勤業務でどのように業務遂行し、労働時間の配分を行っているのか、精査する例は稀であったように思われます。上司の働かせ方改革を進めるにあたり、まずは外勤営業等でどんな活動をしているのか、その活動の労働時間性、さらには労働時間・休憩時間である場合における標準所用時間を明らかにしておくことが有益です。まずは専門家の支援を受けながら労使等で対話を進め、外勤営業等における労働の実態とそれに要する平均時間に係るガイドラインを策定し、これを基に各対象社員から労働時間

図表3　外勤営業における労働時間ガイドライン（一例）

労働時間となるもの				指示があれば勤務時間となるもの	
商談	30分以内	クレーム対応	個別	移動時間	個別
製品納入	同上	営業会議	30分以内	研修教材視聴	個別
製品メンテ	同上	部下評価面接	個別	社内資格試験	個別
契約書作成	10分以内	採用面接	30分以内		……等々
見積書作成	同上	会議研修	個別	**勤務時間とならないもの**	
商品発注	同上	評価面接	30分以内	休憩時間	
日報作成	同上	手待ち時間	個別	中抜け時間（社外）	
経費精算	同上		……等々		……等々
入金処理等	同上				
棚卸し	個別				

※個々の営業実態等で異なる。
※上記で示したものは標準時間であり、個別事情に応じて、時間の長短が生じること自体は起こりうる。標準時間を超える労働が生じた場合、上司に事前ないし事後報告し、確認を受ける必要がある。

の自己申告さらには上司チェックを行うことが対策として考えられます。もちろん想定を超える業務が生じることもあり、この場合は、部下はあらかじめ上司に承認、または事後的に確認を取り、この業務に要した時間を労働時間として把握しなければなりません。

図表3のとおり、現場の労働に精通した労使が協議の上、双方から見て納得性の高い労働時間のガイドラインを策定し、これを各対象社員に実質的に周知せしめた場合、労働時間の把握がもともと困難である社員に係る労働時間把握の準則としては十分に合理性のあるものと考えます。また個々の状況

によって、平均時間を上回る労働時間も当然に生じえますが、同確認作業を各部門において上司、部下が毎月繰り返す取組みが長時間労働防止に極めて効果的です。

例えば、見積書作成が当初想定時間10分を上回っている実態があり、その原因が仕様書書式にあれば、顧客のニーズを確認しながら書式省略化をします。また上司の指示の出し方が原因となり、長時間化している場合には、指示自体の見直しをする等の改善活動を繰り返していくことが長時間労働の削減につながります。長時間労働防止の答えは現場にあります。

健康管理時間ガイドラインは誰にも等しく必要

第3章で取り上げたとおり、専門・企画業務型裁量労働制、事業場外みなし、管理監督者などは、現行労基法上、適法な導入・運用である限り、労働時間規制が適用除外されますが、長時間在社による健康障害防止対策は等しく必要です。高度プロフェッショナル労働制の健康管理時間に見られるとおり、会社との業務関連性の高い「在社」であるのか、または本人の私的な自学自習時間であるのか等を明確に区別しつつ、前者の在社時間数を把握し、対策を講じていく必要性があります。このため、裁量労働制等の対象労働者であっても、上記のガイドラインを策定し、在社時間に係るルールを事前に策定し、関係労働者・上司に周知徹底しておくことが、法的トラブルそして健康障害の予防につながります。

3　部下の意識改革の方法論

社員らの「職人気質」と長時間在社との関係性

厚労省の労働経済白書に挙げられた長時間労働の原因を見ると、その他理由として「能力・技術不足」「自分が納得できるまで仕上げたいから」という意見も約2割程度見られました。この「職人気質」ともいえる日本人の勤労感は我が国の経済発展の原動力ともいえますが、繁忙期や人手不足の問題が重なると、長時間労働をさらに促す要因になりかねません。また「能力・技術を向上させたい」「自分が納得できるまで仕上げたい」という社員の心持ちは尊いものですが、その実現は個々の職場でなされなければならないか、または本人自身のキャリア実現目的をもって、職場外で実現されるべきかを、改めて検討する必要性に迫られているように思われます（157頁以下後述）。

事務系社員については、この気質が事務系職場の労働実態と合わさることによって、輪をかけて問題を複雑にします。これまで日本企業の多くの事務系職場では、工場労働のように

「分ないし時間刻み」でリアルタイムに管理しているケースはまず目にする機会はありません。上司は事前にその仕事の締め切り・方向性を示しておき、手が空くとおもむろに「○○君、あの仕事どうなった」と事後的に仕事の進捗確認をなすことが今なお多いものと思われます。そのため、ここ最近に至るまでは、事務系職場において、上司が部下の時間外労働の状況を締め切り前からリアルタイムに確認するなり、指導をなすという例自体が稀であり、中には締め日になって、慌てて部下からの残業申請に承認ボタンを連打する上司も珍しくありませんでした。

ダラダラ残業防止のためには事前承認制が有効

このような中、問題となるのが、「ダラダラ残業・在社」です。この「ダラダラ残業・在社」をさしあたり定義するとすれば「労務提供の量・質が低い状態で、所定ないし法定時間を超えて、在社している状態」となります。同文言は法律用語ではありませんが、事務系職場においては、このような在社もまま見られます。同在社は上司の指揮命令、部下の労務提供双方が認められなければただちに残業代請求につながるものではありませんが、相応の法的リスクがある上、前章で述べた安全配慮義務上のリスクがなお生じえます。またワークライフバランス、さらには生産性向上の観点からも、ダラダラ残業・在社を防止する必要があります。同防止対策として、まずは前記のとおり上司自身の働かせ方を見直し、職務内容・責任と仕事の進め方等の「見える化」が必要ですが、それとあわせ求められるのが労働者自身の意識改革です。この意識改革を進めるために、有効といえるのが、終業時刻後の在社に係る「事前許可制」です。さしあたり就業規則等に規定化する場合、以下の規定例が考えられます。

（残業の事前承認）

第○条　従業員が所定労働時間を超えて勤務をする場合には、所属長から事前に時間外労働の可否および時間外労働時間数についての許可をえなければならない。やむをえない事由がある場合には、事後承認も認めるものとする。

2　従業員は業務の遂行に必要な時間数を超えて時間外労働の申請をしてはならない。

同1項では、原則として所定労働時間を超えて残業を行う場合は、所属長の事前許可を受けることを求めています。ただし、緊急事態が発生し残業対応が必要であるにもかかわらず、上司と連絡が取れない場合などのやむをえない事由も当然に生じえます。このため、同項但し書きにおいて、例外的に事後承認を容認することも明記しました。また2項では、従業員に対し、業務遂行必要時間を超えた残業申請を認めない旨の確認規定を設けているものです。

労働時間数の適正把握のためにすべきこと

残業の事前承認制に係る規定を導入し、円滑に運用がなされれば、職場における「ダラダラ残業」は一掃されるはずですが、残念ながらこのようなルールだけ定めても、運用面でのチェックを怠ると、上司、社員双方ともに同事前承認制をなし崩し的にやめてしまい、元の締め日直前の「事後承認制」へと転じかねません。このような事態を防止するためには、事前許可制を導入した上で、別途、時間外労働ないし在社の実態を把握し、逐次点検できるシステム作りが必須です。そこで、同チェックシステムのための規定例を以下に示します。

> 労働時間管理（タイムカード）の場合
> 第○条　労働時間の管理は、原則としてタイムカードによるものとする。ただし、タイムカードの打刻時間が正確でないものと認められるときは、その所属長の把握する時間とする。

労働時間管理（自己申告）の場合

第○条　日々の労働時間の管理は原則として従業員が行い、所属長の承認を得た自己申告書をもって行う。ただし、自己申告書に記載された時間が正確ではないと認められたときは、その所属長の把握する時間とする。

2　人事所掌部門は自己申告に基づく労働時間管理の対象社員について、申告時間が適正であるか否かを定期的に確認することとする。

前者はタイムカードあるいはＩＣカード等を各フロアに設置し、これを基に勤怠管理を行う場合における規定例です。この場合には、原則として、これをもって労働時間数の把握を行えば足ります。ただし上司が現認していた時間と同時間数に大きな齟齬が生じる場合は、確認の上、本人の打刻漏れ等が認められれば、所属長の把握時間に従います。

後者は自己申告で労働時間管理を行う場合の規定例です。事務系職場のように、従業員に業務遂行および時間配分を委ねざるをえない業務についていえば、タイムカードよりむしろ自己申告の方法が労働時間の適正把握としてふさわしいように思われるところですが、この方法には1点大きな問題があります。それは自己申告に委ねる結果、従業員が後日の人事査定等のマイナス評価をおそれ、虚偽に申告（多くは過少時間）を行い、労働時間数の適正把握に困難を来すことです。

もちろん、査定の公平性・透明性を高めるとともに、あらかじめ自己申告を適正に行うよう教育指導することが重要ですが、それだけでは前述した企業の法的リスクを十分に回避しえません。そこで、2項において、申告時間数を定期確認する旨の規定を設けています。この定期確認の方法としては、様々なものが考えられますが、例えばタイムカード・ＩＣカード等の併用設置のほか、貸与パソコンのログ記録のチェックなどが考えられます。このようなチェックは第3章で紹介した新ガイドラインにおいても、強く推奨されており、今後は自己申告による労働時間数把握がなされる場合、必須といってよいものと思われます。

4　ダラダラ残業防止のための服務規律と職場意識高揚策

ダラダラ残業を禁止することは可能か

企業の人事担当者から、よく出される相談として、上司の指導に従わず、長時間在社し続ける社員への対応があります。これをいわゆる「自己責任」の問題とし、本人に精神疾患等の健康障害が生じたとしても、会社に責任が生じないかのような認識を持つ担当者が少なくありませんが、下級審裁判例の中には、企業側の安全配慮義務違反を認め、多額の損害賠償請求を認容したものが見られます（富士通四国システムズ事件　大阪地判２００８年５月26日労判９７３号76頁）。同地裁判決では、企業側が安全配慮義務を履行するためには、長時間労働をしないよう「指導・助言」するだけでは足らず、「業務命令として、一定の時間を経過した以降は帰宅すべき旨を命じる」等の残業禁止命令が必要である旨、判示しました。安全配慮義務の履行としてそこまで必要か否か疑問もありますが、いずれにしても、企業のリスク対応上、残業禁止命令の措置を規定化しておき、必要に応じて業務命令をなすことは効果的といえます。以下、規定例を示します。

第○条　会社は、従業員が業務上必要ないにもかかわらず、所属長に無断で所定労働時間外・休日に在社することを禁止し、これを命じることができる。
２　会社は、残業禁止命令に違反する在社を認めた場合、所定時間内外含め、これに対応した時間分の賃金を支給しない。

なお残業禁止命令を定めた条項2項において、残業禁止命令違反時の賃金不支給を定めていますが、下級審裁判例においても、これを肯定した例が見られます（神代学園ミューズ音楽院事件　東高判2005年年3月30日労判905号72頁）。ただし、残業禁止命令を行う一方で、この従業員に対し、所定労働時間内にこなせない過大な量・質の業務を命じていた場合は、割増賃金請求権等が認められる余地があることには注意しなければなりません。

社員および上司の服務規律について

ダラダラ残業を防止するためには、企業の取り組みと同時に、所属長を含めた従業員の意識改革と努力が当然に求められます。まず服務規律において、従業員一般にダラダラ残業および勤怠に係る虚偽報告等が許されない旨、明確化することが考えられます。規定例を以下に示します。

第○条　従業員は、勤務にあたり、次の事項を遵守しなければならない。
1　会社の許可なく就業時刻後職場その他の会社施設に滞留してはならない

2　会社構内、または施設内において会社の許可なく業務と関係のない活動を行わない
3　勤務に関する手続、その他の届出を怠り、または偽ってはならない
4　職場において、電話、電子メール、パソコン等を私的に使用しないこと

また管理職がダラダラ残業に伴う法的リスクを軽視し、不適正な勤怠報告を強要したり、あるいは適正把握を行わないなどの問題が見られる場合、後日、企業にとって大きな法的脅威となるおそれがあります。管理職の服務規律に係る規定例を以下に示します。

第○条　所属長および管理職は、勤務にあたり、次の事項を行ってはならない。
1　勤務に関する手続、その他の届出を怠り、または偽ること
2　過小、過多にかかわらず部下等の勤務時間について会社に対し異なる報告を行わせること、または部下等の勤務時間管理に適切さを欠き、適正に支払うべき賃金を支払わないこと

以上の服務規律を懲戒規定と紐づけしておき、悪質なケースについては、懲戒処分を講じ

ることも考えられます。ただし、懲戒処分については、労働契約法15条において以下の規制が明確化されているため、これに抵触しないよう留意しなければなりません。

> 労働契約法15条　使用者が労働者を懲戒することができる場合において、当該懲戒が、当該懲戒に係る労働者の行為の性質及び態様その他の事情に照らして、客観的に合理的な理由を欠き、社会通念上相当であると認められない場合は、その権利を濫用したものとして、当該懲戒は、無効とする。

特に同種懲戒処分例との均衡性が問われることが多いので、その点に配慮しながら、懲戒処分の程度を考慮するべきです。

職場全体の意識の高揚が必要

ダラダラ残業防止のためには、何よりも職場全体の意識改革が重要といえます。そのために、ノー残業デーなどを設け、同日は必ず定時帰宅を行わせることなどが、意識改革の第一歩となることがあります。これについては、特に就業規則に規定する必要はありませんが、職場全体の啓発のため、あえて以下のような規定例を設けることも考えられます。

（ノー残業デーの設定）
第○条　毎週○曜日は原則として、ノー残業デーとする。やむをえない事由があり、残業を行わせた場合は、当月末日までに人事管掌部門にその事由等を報告する。

職場全体の意識改革のための取組みとして、特定月を強化月間とし、同期間において集中して、ダラダラ残業および長時間残業撲滅を各課単位で取り組ませることも効果的といえます。その他、先進事例としては、所定勤務時間内に電話・顧客対応・社内打合せを禁ずる時間帯を設け、同時間をデスクワークに専念させることをもって効率化を図る方法、終業時刻前に各社員の残業見込み時間をあらかじめカードで机に示させることによって、「残業の見える化」をし、ダラダラ残業を抑止する取組みが効果を上げている例も見られます。もちろん、この取組みは企業文化、業種、業態等に応じて各社各様であり、最も自社にフィットするものを見いだしていく必要があります。

5　在社時間と教育訓練・自己研鑽

長時間在社が「キャリア開発」につながる？

ここまで日本企業の長時間在社による「罪」の面を指摘してきましたが、他方で過去を振り返ると「功」が全くなかったわけではありません。長時間在社等による上司・先輩・後輩らとの濃密な「交流」を通じて、今の言葉でいうところの「キャリア開発」が自然になされることがありました。筆者も独立前を思い返すと、仕事と人生で本当に大事なことは、夜も更けた場末の居酒屋等で上司・先輩らに慣れない手つきで焼酎お湯割りを作っていたときに教わっていた気がします。また新入社員時などは終業時刻後に職場に居残り、直属の上司はもちろん、部署が異なる先輩らの仕事を手伝わせてもらうことで、仕事のやり方や心構えなどを教わった記憶が今なお鮮明です。

居酒屋はさておき、終業後の職場居残りは労働時間と言えるのか、または非労働時間なのか、いずれと見るべきでしょうか。使用者から居残りが明確に義務づけられているわけではありませんが、他方で上司・先輩の仕事の手伝い、指導などは業務との関連性はあり、上司も同在社を黙認している状態ともいえます。これらの在社時間等が労基法さらには安全配慮義務上の労働時間にあたるか否かが難問となります。

教育研修は労働時間といえるのか

教育訓練・研修の労働時間性については、これまでの行政通達上、以下の判断基準が示されていました。「労働者が使用者の実施する教育に参加することについて、就業規則上の制裁等の不利益取扱による出席の強制がなく自由参加のものであれば、時間外労働にはならない」（1988年3月14日基発150号等）。このように出席の強制の有無が判断基準の中心に挙げられており、下級審裁判例（前掲オリエンタルモーター事件）で新入社員研修中の実習成果発表会への参加が問題となったところ、判決では同発表会に参加しないことによる制裁等があったとは認められないとし、労働時間性が否定されました。

これに対し、2017年1月に発出された前記の新ガイドラインでは「参加することが業務上義務付けられている研修・教育訓練の受講や、使用者の指示により業務に必要な学習等を行っていた時間」は労働時間に該当することとしました。前者の「業務上義務付け」か否かは、これまでの行政解釈にも見られた判断基準といえますが、ここで新たに示された論点が「使用者の指示により業務に必要な学習を行っていた時間」か否かです。業務に必要な学習が全て労働時間とすれば、キャリア形成のため労働者が自発的に行った自己研鑽はいずれも結果的に労働時間となりかねませんが、新ガイドラインは、これに加えて「使用者の指示により」としています。この指示があったか否かをいかに判別できるかが問題となりますが、この指示は明示のもののみならず、「黙示」によるものも含まれうるといえます。したがって、前述した上司・先輩らの仕事を自主的に手伝った在社時間も、上司の黙認が認められる限り、労働時間に該当する可能性が高いと言えます。

職業能力開発促進法の改正とキャリア権

これまで日本企業では、正社員として採用した社員に対する教育訓練は、長期雇用の継続を前提とする中、その企業が責任をもって行う傾向が見られました。このため、労働者自らが社外等で教育訓練等を受ける機会も稀でしたが、最近では「キャリア権」の観点から、職業能力開発促進法においても、労働者自らのキャリア開発を明確に位置づける施策が展開されています。まず同法の基本理念に職業生活設計つまりは「労働者本人が自ら自発的な職業能力の開発及び向上に努めるべき」ことが明確に規定化されるとともに、事業主に対しても

「雇用する労働者が多様な職業訓練を受けること等、職業能力の開発・向上を図ることができるよう」努力義務が課せられています。具体的に①OFF－JT、OJTのほか、②職業能力検定③実習併用型職業訓練④有給教育訓練休暇などの職業訓練が推奨されており、教育訓練計画の策定も事業主の努力義務とされています。さらに各社において職業能力開発推進者の選任も努力義務とされ、専門資格としてのキャリアコンサルタントの法定化がなされています。

また社員の自律的なキャリア開発支援に対する会社への助成金制度として、キャリア形成助成金制度が整備されているとともに、雇用保険法に基づく教育訓練給付が在職中の社員に対しても手厚くされるように、以下、法改正がなされています。

充実する教育訓練給付制度

雇用保険法において在職者または失業者に対する教育訓練給付制度が大幅に充実しています。まず一般教育訓練給付金として、受講開始日現在で雇用保険の被保険者であった期間が3年以上（初めて支給を受けようとする場合は当分の間、1年以上）の在職中の社員にも、教育訓練施設に支払った教育訓練経費の20％に相当する額（ただし、その額が10万円を超える場合は10万円とし、4000円を超えない場合は不支給）が雇用保険から給付されます。

さらに専門実践教育訓練給付金という制度が新設されました。これは2014年の雇用保険法改正で導入された制度であり、「中長期的なキャリア形成に資する教育訓練を受講する場合に全期間の受講費用に関する給付率を40％」まで引き上げたものです。これに加えて、訓練修了や資格取得の上で雇用保険被保険者として職に就いている場合に一定割合（20％）を上乗せして支払うこととし、訓練効果を担保するためのインセンティブ機能を付与しました。給付の期間は原則2年間（資格につながる等の教育訓練に限り3年間）としています（ただし高額な教育訓練について給付額が過大となることを避ける観点から、訓練費用のうち年48万円の給付等を上限とする（訓練期間が3年の場合、最大で144万円））。

2017年改正ではさらに給付率・額の充実を見ており、対象となる教育訓練（全期間）の受講費用に関する給付率をこれまでの40％から50％に拡充しています。これに加えて資格取得等をした場合には従前と同様に一定割合（20％）を上乗せして支払う措置も継続されるため、給付率は費用の最大70％（年間上限額56万円）の範囲内まで拡大しています。その他、対象となる助成対象講座の多様化、利便性の向上、さらに支給要件期間の緩和化（2回目以降の被保険者期間を現行10年から3年に）等もあわせて講じられる予定です（2018年1

月1日施行)。

教育訓練・研修と自己研鑽の新たなルール形成

以上の施策が展開されている中、企業としては「会社が指示する業務研修」と本人が将来のキャリア形成のためになされる「自己研鑽」を区分し、これに応じ、まず前者に係る労働時間管理を的確に行うことが望まれます。また後者の自己研鑽については、労働者本人の自発性によるものとし、使用者からの明示・黙示の指示ではないことを労使双方で確認すべく、あらかじめ労働者本人との間で教育訓練計画等を策定しておくことが考えられます。特に自己研鑽のうちTOEIC等の語学学習などは、教育訓練給付および社外の教育資源をうまく活用し、率先して外部化していくことも、今後ますます求められるものと思われます。その一方、社外化できない「自己研鑽」も多々ありましょう。例えば上司・先輩らからの経験知などは外部化できない最たるものであり、一昔前は長時間在社による濃密な交流を通じて、先輩社員から後輩社員に引き継がれていました。

これに対し、最近の新たな企業取組みの中には、始業前・終業後などに若手社員の有志が主体となり、社内または外部の会議室等で自由参加によるワークショップを開催し、先輩社員がこれまでの経験を若手社員とフランクに語り合う場を設けている例が見られます。今後は企業横断型のワークショップなど自由参加による自己研鑽の場が労使双方の知恵で創り出されていくことが望まれます。

〈第４章まとめ〉

働き方改革はまず自社の現状と課題を把握・分析した上で、上司の「働かせ方」、そして社員の「働き方」双方を変革していく営みです。本章では前者については、労働時間ガイドラインによる業務遂行方法・時間配分の明確化が一つの突破口になりうることを明らかにしました。また社員の「働き方」については、「ダラダラ残業」の防止のための残業事前申請制などの徹底を提言しました。

またダラダラ在社の一因といえるのが、社員の自己研鑽と会社の教育訓練の不明確性です。これについては、最近の法改正・教育訓練制度の拡充などを示しながら、労働者自身のキャリア権尊重の観点から、社内的に整理整頓することの重要性を指摘しました。以上の見直しを通じて、働き方改革は大きく進展することが期待されます。

次章では、労働時間関係でトラブルが生じた場合、公的判断を行う裁判所および労基署の役割とその機能、さらには民間セクターに期待されうる新たな役割について解説します。

第5章　働かせ方トラブル時の紛争解決制度

ある日突然、当社関係会社に対し、労働基準監督署が臨検監督（後述）を行い、労働時間関係の指導を受けました。指導の中には、残業代の遡及払いなども含まれていました。この報告を受け、経営層から、当社においても人事・法務部門のある本社はともかく、各支社・営業所などで労働時間関係でトラブルが生じた場合、社内対応が大丈夫かどうか、改めて支社等に対して社内監査への対応や支社長等への教育周知等を徹底するよう指示を受けました。

A課長としても、これまで社内で労働時間関係のトラブルに直面したことがないのですが、具体的にどんな機関がどのような指導をしたり、判断を示すのかがよく分かりません。また最近の報道で、労働基準監督行政の一部を民営化する検討がなされているとのことですが、どのような検討が進められているのでしょうか。

1　裁判所等における働かせ方トラブル時の紛争解決制度

労働局斡旋等によるトラブル対応とは

労働時間関係のトラブルが生じた場合、斡旋・訴訟等による解決方法として次の4つの方法が考えられます。

①行政型裁判外紛争解決制度（以下、行政ADR）の活用　労働局、地方労働委員会あるいは都道府県における個別労使紛争解決援助制度の活用
②裁判所に対する少額訴訟の提起
③裁判所に対する労働審判の提起
④裁判所に対する本訴の提起

まず①の方法は、従業員の側から見ると、簡易迅速である上、費用は原則として無料です。使い勝手は優れています。そのため、労働局斡旋制度などの申し立て件数が高く推移しており、2016年実績で全国約4700件の斡旋申請を受理しています。また労働局では斡旋に至らない個別労使紛争事案について、助言・指導を行うことができるとされていますが、

これも同じく2016年実績で約8900件ほど助言・指導がなされています。

このように紛争解決のアクセスを行政ADRは良くした面は評価されて然るべきですが、その反面、同機関は斡旋を行うのみであり、強制力をもって労使双方をテーブルに着かせ、かつ時間外割増賃金を支払わせる等の権限は有していません。その結果、労働局に申し立てても、解決率は4割程度である上、斡旋の性質上、労使双方に譲り合いが求められます(2016年実績においても、約半数超が打ち切りされている)。この譲り合いは「利益調整型」の紛争であればまだしも、従業員の権利が争われている事案では、必ずしも妥当な結論を得られない場合もあります。

労働審判制度による紛争解決

特に残業代請求事案において、明確な判断・解決を労働者側が得たい場合、最も優れているとされるのは民事裁判制度の利用です。なお訴訟金額が60万円未満であれば、少額訴訟という簡便な方法で訴訟を提起することが可能です。また今日では、多くの地方裁判所において「労働審判制度」が創設され、定着を見ています。同制度は裁判官である労働審判官とともに、使用者側、労働者側それぞれ1名が労働審判員に任命され、3人合議の上、労働事件について迅速・簡便・公正な解決を図る制度です。

一昔前、裁判手続きとりわけ労働事件は、多岐にわたり論点がある上、証人・証拠が多数提出されるなどの傾向が強く、解決するまで長期化する傾向があり、中には判決が確定するまで10年以上を要する事案も珍しくありませんでした。これに対して、労働審判制度は90日以内、3回の期日以内に事件解決を図るよう制度設計がなされ、実際の運用においても、平均74・8日以内の審理（2014年）と、概ね迅速な解決がなされています。同審判の結果、労使双方によって調停が成立するか、あるいは、3者合議の上での労働審判に労使双方が異議を申し立てない場合、事件が解決することとなります。その解決率も思いのほか高く、現在まで約80%が無事に解決を見ています。

残業代請求事案についても、労働審判における審理は「経験則による推認や割合的認定類似の手法を使うなど、3回の期日内で解決案（調停案又は労働審判）を提示して（おり）……多くの場合これは当事者の意向にもそうものであり、当事者の権利関係を踏まえつつ事案の実情に即した解決をはかるという労働審判制度の妙味が発揮されている分野のひとつとして評価できる」と指摘されています（鵜飼良昭「労働審判手続の運用の実情と検討課題」ジュリスト増刊「労働審判　事例と運用実務」34頁以下　その他 case15「労働者が未払賃金と残業代を請求したケース」同138頁ほか)。もちろん、請求額全額の認容を求める場合は、労働審判から本訴訟に移行することとなります(会社側が異議を有する場合も同様)。

民事訴訟による紛争解決と付加金制度

その一方、残業代請求事案等においても、労働時間性の対立が激しい場合、あるいは会社側が管理監督者性を主張する場合などは、先の労働審判による解決は困難を極めることになります。というのは、労働時間性および管理監督者性の判断はいずれも、前述のとおり多くのファクターを勘案し、総合考慮の上、決することになることから、最終的な解決は本裁判が最もなじみやすいためです。本裁判となる場合は、訴訟提起に要する費用とともに弁護士費用、時間等一定のコストがかかりますが、判決は法的拘束力を持つことから、紛争解決の面で最も適切といえます。

また残業代請求事案に関連して、本裁判では労働審判等では見られない制度として「付加金制度」があります。労働基準法114条には以下のような規定が設けられています。

「裁判所は……第37条の規定に違反した使用者……に対して、労働者の請求により、これらの規定により使用者が支払わなければならない金額についての未払金のほか、これと同一額の付加金の支払を命ずることができる。ただし、この請求は、違反のあった時から2年以内にしなければならない」。

この付加金制度とは、労基法37条違反が認められた場合、裁判所は使用者に対して超過勤務手当と同額の付加金支払いを命ずることができる制度です。なお労働基準監督署などの行政機関は、この支払いを命ずることはできません。

従来、この制度はさほど知られておらず、付加金を請求する例自体が少なかったものですが、最近の判例を見ると、付加金支払いを命ずるケースが増加しています。前記の名ばかり管理職が争われた日本マクドナルド事件においても、従業員の請求を認め、時間外割増賃金認容額の半額（270万円）の付加金支払いを命じており、判決に至るまでの早期解決が企業においても促進される一因となっています。

民事訴訟における判決の影響

仮に民事訴訟において、支社部長等が自らを「管理監督者」に該当しないとし、残業代の遡及払いを求め、その請求が認められた場合、どんな判決上の効果が生じるでしょうか。仮に判決文中の理由において、「支社部長の権限・責任、処遇、さらに労働時間の自由裁量等に照らし、労基法上の管理監督者とは認められない」と判示されていたとします。この場合、その判決の効力は一見すると、その支社のみならず、全ての支社・営業所に法的拘束力が及ぶように見えます。つまり訴訟を提起していない圧倒的大半の同一役職社員に対しても、原告と同様に時間外割増賃金を遡及払いすべき法的義務が生じるのかという問題ですが、民事訴訟の原則に立ち返ると、法的には同判決効はあくまで同訴訟の原告について及ぶものであり、他の同種社員には一切及びません。もちろん同判決を見て、同種労働者が同じ趣旨の訴訟を提起した場合、裁判所は先例を参考とするのは当然であり、同じ判決が繰り返される可能性も高いといえますが、その判決効を得るためには、別途民事訴訟の提起が前提となります。

しかしながら、一般にはそのような判決が確定した場合、企業は同種の民事訴訟提起を待たずに、自らの判断で同役職者の見直しを図るケースが多く見られます。その理由としては、社員の納得性の問題がまず挙げられます。権威ある裁判所の判断を尊重しない企業に対して、一般に社員はそのモラル・モチベーションを低下させていきます。また後述するとおり、労基署などの関係行政機関も、裁判所の確定判決があれば、同社の役職者が「名ばかり管理職」であることはいうまでもないと捉え、行政指導等を徹底させていくものと思われます。何より同業他社、取引先、マスコミそして株主、消費者等から「確定判決を尊重しない企業」と見られることは、一定規模以上の企業であれば通常、耐えられないのではないでしょうか。その結果、事実上、「名ばかり管理職」について確定判決が出れば、それに従い、自社の組織体制等を見直す例がとりわけ大企業において見られます。

2　労働基準監督署の権限とその指導の実際

労働基準監督署とは

労働基準行政は全国３２１カ所に設けられた労働基準監督署が管内事業場に対する監督指導の任を負っており、主に労働条件の履行確保、労働安全衛生対策、労災補償給付・徴収などの行政活動を展開しています。いずれも労使関係に密接不可分なものであり、労使両当事者にとってなじみ深い役所です。同署には労働基準監督官が配属され、同職は様々な職務に従事していますが、その中で特に重要であるのが、所掌法令である労働基準法・労働安全衛生法等に定める最低労働条件の監督指導業務です。同法は労働者保護を目的に、労働条件・安全衛生等の最低労働条件を定めており、使用者に対して同条件の遵守を求めています。例えば、労基法20条は使用者に対して、従業員を解雇する際、30日前の予告または解雇予告手当（平均賃金の30日分）の支払いを義務づけており、これに反する取扱いは労基署長の除外認定がない限り、許されません。これらのルールを労使双方が責任をもって守ることが理想ですが、法が定める最低基準が今なお十分に守られていない実態があり、労基署は様々な監督指導等を行っています。その中には前記のとおり、1日8時間・週40時間を超えた時間外労働に対する割増賃金の支払い義務に係る一連の監督指導も含まれています。

労基署における調査の手法

監督指導の手法としては様々なものがありますが、代表的なものとして定期監督、集合監督および申告監督が見られます。

まず定期監督とは、監督署があらかじめ行政計画を策定し、これに基づき、主体的に事業場を選定し、定期的な監督指導を行うものです。定期監督は労働基準監督官が予告なく、または事前連絡の上で、事業場に直接訪問の上で行う形が一般的です。

また集合監督は、定期監督と同じく主体的に事業場選定の上で行われるものですが、労基署あるいは公共施設の会議室などに来所するように要請し、多数事業場に対し、集合的に監督指導を行う点で定期監督との相違性がみられます。集合監督は短時間でかつ資料に制約のある中、行わざるをえないため、分野を絞った監督指導を行う際に活用されることが多いものです。例えば地域別最低賃金額のチェックを中心に行う場合などが同監督手法に適合的です。

これに対して、申告監督は労働者からの労働基準法違反に係る申立（労基法１０４条）に基づき、監督指導が行われるものです。よく人事担当者から、今回の監督が申告監督か定期監督か、いずれにあたるかを聞かれることがありますが、労基署側としては、定期監督も申告監督も根拠法令は同一の条文（労基法１０１条）です。また申告した労働者（とりわけ在職中の社員からの残業代請求等）は匿名を希望することも多く、労基署側もその点に配慮し、申告監督であるにもかかわらず、事業主には「定期監督です」と偽る例も見られます。ただ、法令上、同一条文の根拠による臨検監督であり、その他規程上も申告監督であることを明らかにする義務が存在しないため、上記対応自体は何ら違法性があるとはいえません。会社側としては、どちらにしても粛々と監督を受け入れるほかはないのです。

労基署における監督指導の手法とは

上記監督を通じて、労働基準監督官が労働基準法等の法違反等を認めた場合、まずは行政指導をもって、その事業主に違反状態の解消を促す実務が定着しています。その際、明らかな法違反については「是正勧告書」、直ちに法違反とは指摘できないまでも、改善を要すべきものについては「指導票」を事業主に対して交付することが多いです。一見すると是正勧告書には法令違反内容と是正期日などが明記されており、同勧告書をもって労働者と使用者との間の権利義務関係が「裁定」されたように見えることがありますが、厚労省はかねてから是正勧告の法的性格について次の答弁を行っています。「これらの勧告や指導は、厚生労働省設置法（1999年法律第97号）第4条第1項第41号に掲げる厚生労働省の所掌事務に関する行政指導として行うものである」（2008年11月9日受領　国会答弁第103号）。

以上のとおり是正勧告書は指導票と同じく、あくまで行政指導の一種であり、法的に権利義務を確定する行為ではありません。厚労省自身も次の説明を行っていました。「違法な事業主に制裁を加えるということが第一眼目ではなくて、基準法に違反する労働実態を是正していただいて、将来にわたって働く人が安心して働けるような適正な労働環境を確保することが目的」（規制改革推進会議、後述）。したがって、是正勧告は私人間の権利義務の確定に係る裁定でも、刑事処分の端緒でもなく、まずは将来にわたって適正な職場環境を確保すべく、行政側が私人たる企業等に対しなされる指導です。

３　臨検監督・是正勧告・是正報告とは

どのような場合に労働時間関係の臨検監督を受けるのか

労働時間関係の臨検監督を受けるきっかけとしてまず挙げられるのは、労働者が労基署に対し、労基法違反の是正を求める「申告」を行った場合です。労基署は申告を受理した場合、速やかに臨検監督を行うこととされており、事業場への立ち入り調査または労基署への出頭要求をすることとなります。２０１５年では労働時間関係の申告は約２万６０００件に及んでおり、労基署も今や日常的にこの申告監督を実施しています（定期監督と称して、申告監督を行う例があることは前述のとおり）。

また労働者の窓口・電話相談やメール、投書などを通じて、労働時間関係の法違反の可能性を把握し、監督対象とする定期監督による臨検監督も近年増加傾向にあります。２０１７年度地方労働行政運営方針を見ても、「特に各種情報から時間外・休日労働時間数が１カ月当たり80時間を超えていると考えられる事業場や過労死等の労災請求が行われた事業場等に対する監督指導を徹底」するとしているものです。そのほかとしては、過重労働による脳心臓疾患、精神疾患の労災認定事案が生じた都度行われる過重労働特別指導なども挙げられます。

臨検監督時の調査の流れ

規制改革推進会議上、厚労省側からは労働時間に係る臨検監督時の調査手法について、次の説明がされており参考になります。「労働時間の管理方法を確認し、さらに実際の労働時間を確認するという流れでやっております。例えば、管理方法の確認に当たりましては、就業規則や36協定、あるいはさまざまな裁量労働やみなしの協定といったいわゆる法定の書類をお出しいただくだけではなくて、社内の資料である労働時間の管理マニュアルや社内の指示文書、あるいは研修の資料であるとかそういった社内の資料を十分に出していただいて、確認をしていく。労働時間の確認のほうも同様でございまして、賃金台帳や給与明細といったものだけではなくてタイムカードや入退館記録、あるいは施錠記録、警備記録といったようなものも含めてお出しいただくということで、こういった社内の管理にかかわるような内部資料も、いわば監督官としての権限を御説明する中で現場の監督官が工夫して提出していただきながら、実情を把握して監督をやっている」（規制改革推進会議　第二回労働基準監督業務の民間活用タスクフォース議事録11頁以下）

以上のとおり、申告監督・定期監督いずれも、まずは事実把握のため、労働時間関係の各種資料の確認が行われます。その際、特に問題となるのは、会社側が労働者に法定時間外労働をさせていたか否かですが、この点についてタイムカード、入退館記録、警備記録などの内部資料の提出を求め、まずは直近３カ月分程度の分析をその場で行うことが通例です。その上で、自己申告による勤怠記録とＰＣログ等の在社時間との間に大きな齟齬が何件か認められる場合には、労働基準監督官は会社に対し、社内調査を求め、法違反の疑いがあれば、早急に改善するよう指導を行う例が多々見られます。またそういった指導に際し、労働基準監督官特有のスキルとして挙げられるものとして次の技量があります（規制改革推進会議における厚労省側答弁（前記議事録23頁以下））。

「立入検査の場面になりますと、企業の中に入って対応していくというときに……監督官が身につけているノウハウなりスキルが発揮される場面がある。特に私も思っておりますのは、監督官は司法処分をやりますので、そういう意味で法違反とかそういったものをどう突き詰めて確定していくかというスキルは、民間の方ではなかなか経験できない部分、あるいは普通の国家公務員でも経験できない部分。そういった部分を持ちながらやっている、それが立入検査のときに生きているということがあるのではないかと思っておりますので、是正勧告に至るようなことをやっていく場面では、そういう監督官のスキルを生かしながらやっていくということかと思っています」

以上のとおり、労基署の監督指導、とりわけ残業代未払いなどの労基法違反に係る臨検監督、指導には高度な専門性が求められますし、何よりも公権力行使の典型ともいえる司法警察権限行使が控えた行政指導という特殊性を有します。このため労基署による行政指導の事実上の影響力は極めて強く、是正勧告書が示されたことをもって、是正がなされることが通例といえます。

労基署の司法警察権限の行使について

労基法等違反案件については、労基署から監督指導を受ければ、大半の事業主はこの指摘が妥当な内容である限り、自ら是正改善を行い法違反状態が解消されます。しかしながら、事業主の一部には、賃金未払い（労基法24条違反）を繰り返したり、重大な労安衛法違反を続け、死亡労働災害を発生させるなどの事案が今なお見られます。このような悪質な事業主については、前記のとおり、特別司法警察職員としての権限を行使することになります（労基法１０２条）。犯罪と思料する場合、自ら犯罪捜査を行い、検察庁に事件送致し、刑事処罰を求める権限が付与されており、その中には犯罪捜査のための捜索差押え（通称「がさ入れ」）、逮捕なども含まれています。労基署はこのような強力な制裁発動を背景に、労基法等の行政指導を行っている点が、他の監督官庁と大きく異なる点です。

是正報告時の留意点とは

労働基準監督官から是正勧告がなされた場合、期日までに是正報告を提出することが求められます。この是正報告における留意点ですが、まずは賃金・残業代などの遡及是正が求められた場合には、是正報告時にこの遡及支払いに係る報告が必要となります。

その際、悪質な事業主の中には、遡及是正を行っていないにもかかわらず、支払ったなどと強弁し、改ざんした支払受領書写しなどを労基署に提出する例が生じえます。このような虚偽報告は後日、必ず労働者側の申し立てを通じて発覚しますし、これが判明した場合、労基署側は必ず刑事罰に処す覚悟でこういった事案に臨むことは必至といえ、虚偽報告は厳に慎むべきです。

また前述したとおり、労基署による是正勧告の目的は権利義務の裁定ではなく、将来に係る労働環境の改善にあります。このため是正報告を行う場合には、法違反の是正のみならず、今後の法違反再発防止に向けた体制整備、法違反防止のための仕組み作り、さらには再発防止に向けて強い決意を示したトップメッセージなどを是正報告に盛り込むことが望まれます。労働時間関係違反防止のための仕組み作りなどを具体的に見ると、次のような是正報告が考えられます。

①36協定・就業規則において、長時間残業の防止の姿勢を示すこと
例）36協定延長時間数の適正設定・サービス残業の禁止（管理者の服務規律含む）
②36協定違反とならない労働時間の管理体制の構築
例）月内におけるリアルタイムな時間外労働時間数の把握とアラーム・改善指示など
③サービス残業防止のためのチェック体制の整備など
例）自己申告時間等を入退場記録等と照合させ、差異がある場合、速やかに確認修正

以上のとおり、労基署からの是正勧告は将来に向けた労働環境の改善が主たる目的であり、指導を受けている会社は何よりも法違反の再発防止に向けた体制作りが求められています。

4　労働基準行政以外との連携

女性活躍推進法などにおける情報提供義務等との連携

厚生労働省が所管する労働分野は労働基準行政のほか、育児介護・女性活躍推進などを管掌する均等行政、職業紹介・斡旋などの労働市場を担当する職業安定行政が重要な任務を担っています。これまで労働時間問題はもっぱら労働基準行政が担当してきましたが、均等行政・職業安定行政分野においても、長時間労働の是正は看過しがたい重要課題といえます。そこで最近では、求職者等への情報提供および認証制度等において、以下のような施策が展開されています。

女性活躍推進法では労働者301人以上の事業主に対し、求人者含め、広く女性の職業生活における活躍に関する情報を定期的に公表することが義務づけられています。その公表対象の選択項目として、「採用した労働者に占める女性労働者の割合、男女の継続勤務年数の差異」等のほか「労働時間の状況」が挙げられており、選択制とはいえ、労働時間の状況の公表という方法で労基法上の労働時間規制との連携が図られています。なお厚労省は同法を改正し、301人以上の企業に対し、「労働時間の状況」の公表を義務づける方向での検討に入ったとの報道が見られ、注目されます（日本経済新聞2017年5月18日朝刊）。また同法では301人以上の企業に対し、行動計画を策定することが義務づけられていますが、同計画策定に先立ち、労働時間の状況に係る現状把握・課題分析もあわせて義務化されています。

さらに勤労青少年福祉法では求職活動中の新規学卒者等（すでに新卒求人に応募した者はもちろん、応募の検討を行っている者も含む）が、新卒求人を行う事業主に対し、「職場への定着の促進に関する取組の実施状況」に係る情報提供の求めを行った場合、会社はこれに選択的に応ずることが義務化されています。同実施状況に係る情報提供の選択肢の一つに「1カ月当たりの平均残業時間」が挙げられており、すでに企業の中には、同情報提供を行っている例も見られます。

求人不受理制度の拡大

また勤労青少年福祉法では、あわせてハローワークが一定の労働関係法違反の求人者について、新卒者の求人申込みを一定期間受理しないことができる仕組みが創設されました。対象となるのは、若者が就業を継続していく上で問題を抱えることとなると判断される賃金不払残業等の労働基準関係法令違反が繰り返し認められる場合、男女雇用機会均等法及び育児介護休業法違反に基づく公表の対象となった場合などが想定されています。このうち労働基準法関係法令違反については、同一条項の違反について、繰り返し（例：過去1年間に2回以上）、労基署から是正指導を受けた場合などが例として挙げられています。

また2017年3月31日に改正雇用保険法とあわせて、改正職安法、育児介護休業法が一括成立しています。職安法の改正内容としてまず注目されるのが、職業紹介における求人の不受理制度の拡大です。現行職安法では法令違反の求人等に係る不受理制度の定めはありますが、労基署・均等行政などから労基法等の所轄法令違反に係る是正勧告を繰り返し受けたり、企業名公表対象となった事業主に対する求人不受理制度は設けられていませんでした。本改正によって、職安法本体においても、勤労青少年福祉法と同様に一定の労働関係法令違反の求人者による求人等をハローワークおよび職業紹介事業者等が求人受理しない制度を整備したものです（同施行は法公布3年以内）。

くるみん認定の見直し

厚労省は次世代育成支援法に基づき、101人以上の従業員を有する一般事業主に対し、次世代育成支援対策の実施に関する行動計画の策定と厚労大臣への届け出を義務づけていますが、同計画に定めた目標を達成するなどの一定の要件を満たした場合、「子育てサポート企業」として認定（くるみん認定）を行う制度を設けています。くるみん認定を取得した企業は「くるみんマーク」を広告等に表示できるなどの優遇策があり、2017年3月末時点で2695社が認定を受けています。

さらに2015年改正では、くるみん認定を複数回取得しているなど、すでに相当程度両立支援の制度の導入や利用が進み、次世代育成支援対策の実施状況が優良な企業に対し、新たな認定（特例認定）制度として「プラチナくるみん」制度が創設されています。同特例認定を受けた企業は、「プラチナくるみんマーク」を広告等に表示し、高い水準の取組みを行っている企業であることをアピールできることとしています。2017年3月末時点では、プラチナくるみん認定を受けた企業が100社を突破し、118社となっています。

いずれも厚労省が「子育てサポート企業」を認証する制度として定着し、社会的にも高く評価されていましたが、２０１６年、くるみん認定を受けていた大手広告代理店の電通において、新卒女性社員の労災認定、さらには違法な長時間労働に係る労基法違反の容疑で強制捜査・書類送検された事件がクローズアップされました。厚労省に対しても、違法な長時間労働を行い、強制捜査を受けた企業に対し、「子育てに優しい会社」との公的認定を行ったことに対する社会的批判が高まりました。同事案については、同社が認定を自ら返上することで決着がつきましたが、厚労省は２０１７年４月１日から次の認定基準等の見直しを行いました。

まずくるみん認定・プラチナくるみん認定における「法定時間外労働時間等の実績に係る基準」の見直しがなされ、「フルタイムの労働者等の法定時間外・法定休日労働時間の平均が各月45時間未満」および「月平均の法定時間外労働60時間以上の労働者ゼロ」の２つの基準を満たすよう変更されました。なお同改正は２０１７年４月以降の申請に適用されるものであり、すでに認定を受けた旧「くるみんマーク」、「プラチナくるみんマーク」取得企業が上記基準を満たしていない場合であっても、ただちに取消しがなされるわけではありません。ただ２０１７年４月から、くるみんマーク等のデザインが一新されていますが、新マークを利用したい場合には、すでに取得した企業においても、改めて認定申請し、新基準をクリアする必要が生じます。

また新たにプラチナくるみんの公表事項に「フルタイムの労働者等の法定時間外・法定休日労働時間の各月の平均時間」および「月平均の法定時間外労働60時間以上の労働者の数」が追加されています。すでにプラチナくるみん認定を受けている企業も新たに同公表をなす必要があります。なお2018年3月末までは同公表を猶予する経過措置が設けられていますが、その後は2年連続して基準を満たさない場合、取消しの対象になることとされています。

さらにくるみん、プラチナくるみんともに対象企業に労働関係の法令違反がないか、より厳しく確認することとしています。新認定基準を見ると、労働時間関係としては、「労働基準法、労働安全衛生法等に違反して送検公表」「長時間労働等に関する重大な労働法令に違反し、是正意思なし」「労働基準関係法令の同一条項に複数回違反」、さらに「違法な長時間労働を繰り返し行う企業の経営トップに対する都道府県労働局長による是正指導の実施に基づき企業名公表」等が確認事項として挙げられています。これに該当した場合、新規認定申請は認められないことはもちろん、「くるみん」「プレミアくるみん」取得企業については取消しの対象となります。今後は前記事案も会社側からの返上を待たずとも、厚労省側が認定を取り消す仕組みが設けられたのです。なお、その他新認定基準としては、男性育休取得率が7％以上、男性の育休以外の育児目的休暇取得も評価する等の見直しもなされています。

5　労働基準監督行政の民間委託化の可能性

労働基準監督業務の民間委託化検討の動き

2017年3月から内閣府の規制改革推進会議は「労働基準監督業務の民間活用タスクフォース」を設置しました。同会議の検討目的としては、労働基準法違反への対応について、労働基準監督官の人手不足のため事業場に対する十分な監督が困難な状況にあるとの指摘がある中、労働基準監督業務における民間活用の拡大について専門的検討を行うものです。規制改革推進会議委員である八代尚宏主査が示した事前ペーパー（2017年3月16日付「労働基準監督業務の民間活用（案）」）では、現在の労働基準監督業務に対し、以下の問題提起をしていました。「労働基準監督官が定めた様式の定期監督業務については社会保険労務士等の資格者を雇用する民間事業者に委託することで、本来の基準監督官をより重大な違反の可能性の大きな申告監督業務に重点的に配置できるのではないか」。

2017年5月8日には、早くも同規制改革推進会議タスクフォースにおいて検討結果が取りまとめられました。これによれば中小零細企業における36協定未届出等の課題に対し、労働基準監督官の業務を補完できるよう、民間活用の拡大が提言されました。ここでは民間の受託者（入札決定）が36協定未届出事業場、就業規則の作成義務のある事業場等に対し、自主点検票等（36協定の締結状況、労働時間上限の遵守状況、就業規則の策定、労働条件明示の状況などの点検票等）の送付や回答の取りまとめを行い、指導が必要と思われる事業場や回答のない事業場等について、同意を得られた場合に、労務関係書類等の確認および相談指導を実施することが挙げられています。そして同点検票の回答等に応じなかった事業場、および、確認の結果、問題があった事業場に対し、労働基準監督署が必要な監督指導を実施することとしています。

民間委託化と労働条件の明示

前記のとおり検討結果報告書では、「労働条件の明確化」に係る民間委託化について前向きな提言が示されていますが、厚労省自身も、まずもって、中小零細企業における労働条件の明確化に課題認識を有しているようです。同検討会に提出された厚労省側資料を見ても、まず36協定の締結・届出状況は労基署に登録されている適用事業場のうち商業56・１％、接客娯楽業47％の割合に留まっていました。もちろん法定時間外労働の可能性がなければ、こういった協定の届出は不要ですが、昨今の人手不足の中、商業・接客業の約半数において全く法定時間外労働が生じていないとは考えにくく、本来届出を出すべき中小零細企業の多くが法の不知・軽視などから、必要な届出さらには延長時間数をはじめとした重要な労働条件の明示を行っていない可能性が示唆されます。

また中小零細企業等に対する監督件数の不足も歴然としています。３００人以上の大企業に対する臨検監督の実施率は23・６％である一方、１〜99人規模の中小零細企業については商業１・２％、接客娯楽１・３％に留まっています。

このような中、今回の提言では、民間事業者に対し、労働契約書の明示、就業規則の作成・周知（常時10人以上の事業場）、時間外労働・休日労働に関する協定届とその周知などの労働条件の明示等を中心とした自己点検票の送付・収集等を行わせ、その中で同意ある企業に対する確認と相談指導を行わせることとしたことは、監督のアクセス「量」を高めるものであり、大きな意義があるように思われます。また民間委託先が点検作業を実施後、労基署に提出するであろう「事業場のブラックリスト」の中から悪質な事業主が無数に明るみになることは確実です。この事業主に対し、厳正な監督指導さらには司法処分等をなすことが、労働基準監督行政の本来的責務であることは疑いありません。

また将来的には「就業規則・36協定等を常時各事業場の見やすい場所への掲示」（労基法106条）等の労働条件の明示を確認することに限り、事業主の同意・不同意を問わず、民間事業者に定期訪問を委ねる選択もありうるように思います。こういった周知に係る事実確認自体は従業員にとってオープンな場である休憩室やイントラネット内を見れば分かることであり、極めて短時間での確認が容易です。こういった調査のみであれば民間事業者そして使用者等の負担感が低いと思われる上、労働条件の明確化促進という大きな効用が期待できます。

今後のさらなる民間委託化の可能性

規制改革推進会議等では、今後も引き続き労働基準監督業務の一部民間委託化等に係る検討が進められる予定ですが、筆者として新たに検討対象と考えるのは、前記の職安行政・均等行政との連携施策です。前記のとおり、くるみんマークなどの公的認証や求人不受理において、労基署の是正勧告等との連携が強化されていますが、労基署の是正勧告とその報告はいわば「点」に過ぎません。同認証・求人不受理については、むしろ恒常的な労務コンプライアンス体制の確立・維持運営という「線」なり「面」の確認が求められています。

とすれば、是正勧告の有無以上に、労働時間の明確化・労基法遵守に係る継続的な認証こそが、公的認証や求人不受理の確認事項としてふさわしいように思われます。認証方法として、もちろん労基署が１件１件の事業場を公的認証する方法もありましょうが、現時点のマンパワーを前提にすれば、不可能に近いでしょう。むしろ同認証は民間事業者が担うこととし、同民間委託先が認証・継続審査を行った場合、職安・均等行政はまずこれを前提とし、各々の公的認証・求人不受理等の判断基準とする施策も考えられます。また職安行政についていえば、２０１７年度から実施されている「生産性要件」のように、助成金制度における付加給付事由として、こういった認証の有無を追加することも効果的です。

さらに前記のとおり均等行政・職安行政では、使用者側に労働時間等の情報提供義務などの施策が展開されていますし、さらに３０１人以上の大企業については、女性活躍推進法等の改正を通じて、「残業時間の公表義務付け」をなすことが検討されています。今後は残業時間等の情報公表が強化される方向ですが、ここでも問題となるのは、その情報の真偽性です。「労働時間の状況」「月平均の法定時間外労働60時間以上の労働者の数」が果たして適切なものといえるのか否かが今後問題となりえます。これらの公表情報を一つ一つ労基署が確認をすることも不可能といえ、この情報の真実性を担保することも民間委託業者に委ねる方策も考えられます。民間認証制度の枠組み自体はすでにＩＳＯ制度等においておなじみのものであり、労働安全衛生分野でも、すでにＯＨＳＡＳ１８００１や安全衛生優良企業公表制度が存在します。また全国社会保険労務士会も早くから労働条件審査制度を立ち上げ、すでに都道府県・市町村等の公契約等における運用事例を豊富に有しています。これら様々な民間認証制度と職安・均等行政との連携を組み合わせることで、労働時間規制の実効性を高めることも、今後の労働分野における規制改革施策として十分に検討されるべきものと思われます。

労働時間の量規制と民間委託化

他方、今回の検討報告では労基法等における労働時間「量」規制に係る民間委託は提言されませんでした。働き方改革実行計画等によって、今後の労働時間規制強化が確実視される中、労働時間の量的規制をいかに実効性を確保するかが、ますます重要な課題になります。

そのような中、同規制監督に係る民間委託化も改めて検討対象となりえますが、本書においてこれまで検討したとおり、労働時間の量的規制等には固有の問題があります。

工場労働など使用者が労働者に対し「具体的に作業等」をなすように直接指示し、それを監督しているような場合には、その「労働時間」性は疑う必要はありませんが、ホワイトカラー労働における労働時間性判断さらには安全配慮義務が生じうる「在社時間」の境界線を明らかにする作業は容易ではありません。とりわけ上司自らのマネジメント不全、部下のダラダラ在社が蔓延化している職場においては、労基署はもちろん、当事者である労使当事者も、どこまでが労働時間で、どこからが非労働時間となるのか判別できません。このような曖昧さが残る労働時間性判断に対し、労基署に成り代わって民間委託事業者が事実確認・法のあてはめ等を行うことは可能でしょうか。

第三者たる民間委託事業者が何の経験もなく、事業場に立ち入り、労基法32条、37条違反を摘発しようにも、「指揮命令」の痕跡が見あたらず途方にくれるか、またはむやみやたらに法的根拠のない「私見」を振りかざして公的信用を失うか、いずれかの結果に陥りかねません。またこのような委託を行うのであれば、各種ヒアリング・賃金台帳・タイムカード等の精査を要し、少なく見積もっても半日以上の調査を要する上、是正に至るまでの粘り強い指導等を含めれば相応の時間と手間を要します（労基署の臨検監督における実態でもある）。何よりも司法警察権限などの裏付けがなく、割増賃金未払い等の重大な法違反の事実確認と是正指導を行うことは極めて困難といえるでしょう。

筆者は労基法32条違反などの監督指導そのものを民間委託化することは極めて難しいと考えます。

労働時間明確化のための労基署・労使の役割

一方で労働時間の量規制の前提として、「労働時間」の明確化が必要不可欠ですが、この労働時間の明確化はそもそも誰がどのように行うべきでしょうか。前記のとおり、労働基準監督行政は明確な残業代未払い等については、即時の監督指導を行いますが、事務系職場など労働時間が不明確になりがちな職場については、まずヨンロク通達・新ガイドラインに基づき、使用者自身に労働時間を適正に把握させる方向での改善指導を行っています。まさに労働時間性判断の明確化を会社（さらには労使）で自律的に行えるように指導を行ってきたのが、これまでの労働基準行政の一連の活動といえるものです。

とすれば、労働時間の判断基準の明確化と長時間労働是正対策は、まずもって職場の現状と課題を熟知している使用者と労働者自らを主体として進められるべきです（その方法論は本書第4章以下前述。労使によるルール決定の決め方は217頁以下後述）。今後の労働基準行政は労使に対し労働時間判断の明確化と長時間労働是正対策をなすよう引き続き促すとともに、真に残業代未払い、長時間労働を慢性化させ、反省するところのない違法悪質な事業主に対する監督指導・司法処分に注力することが期待されます。

新たな公私協働型行政サービスの可能性と課題

労使が主体となり、労働時間ガイドラインの策定、ダラダラ在社防止など労働時間の明確化を行うとしても、これらの検討や対策立案には高度な法的知識と多種多様な企業への関与経験、さらには高い職業倫理を有する専門家の力が大いに求められます。そのような専門家としてまず挙げられるのは、労働分野に精通した弁護士、労務管理の専門士業たる社会保険労務士、労働審判員経験者等であり、今後のさらなる活躍が労使双方から期待されます。

前述のとおり、規制改革推進会議において、労働基準監督行政の一部民間委託化案が示されましたが、同案では民間委託先が自己点検票等送付後に、送付先企業から「同意を得られた場合に、労務関係書類等の確認及び相談指導を実施する」こととされています。この「確認」および「相談指導」は、労働基準法の最低基準ルールの周知がまず主になると思われますが、本書で繰り返し述べてきたとおり長時間労働抑止は、何よりも労働時間の明確化が不可欠です。前記民間委託を受けた専門家が使用者同意の上、労使対話の中に入り、労働時間の明確化等を確実にし、長時間労働の抑止につながる実績等を積み重ねれば、この民間委託化は新たな価値を持つ公私協働型行政サービスに転じる可能性があります。

他方で、民間委託化に伴う課題も山積しています。まず民間委託先の品質確保、さらには利益相反・不正等防止は当然に強く求められるものといえ、いかにして、同懸念を払拭するかが、まずもって大きな課題です（労使双方の参画による品質確保策については後述）。

また、行政側が民間委託先に対する監督・マニュアル化を強めれば強めるほど、同委託は単なる行政下請作業に陥ります。いかにして民間委託先が法令遵守・中立公平性を維持しつつ、労使に近い立場と専門性等を活かした独自性ある「相談指導」をなしうるかが課題といえましょう。また労働基準行政も同民間委託化によって、労働時間規制の場から撤退するものではなく、今まで以上に悪質違法な事業主に対する監督指導を強化すべきであることは衆目一致しています。

行政と民間委託先との間に適切な「距離」を設け、双方の長所を引き出し合う公私協働を創り上げることができるか否かが、今後の労働時間規制を実効あらしめる上でも、大きな鍵となるように思われます（上記検討に際し参考とした行政法分野の公私協働論については、板垣勝彦著『保障行政の法理論』（弘文堂）参照）。

〈第５章まとめ〉

本章では労働時間に係るトラブルが生じた場合における紛争解決制度、さらには労基署による監督指導・民間委託化の検討案について解説しました。いったん労使紛争、労基署の是正勧告が生じた場合には、事実確認の上、粛々と対応しなければなりませんが、そもそも同トラブルなり是正勧告等が生じることのないように予防策を講じておくことが企業として何よりも求められます。

とりわけ事務系職場における「労働時間」は曖昧となりがちであり、労務トラブルの温床になりかねません。労使自らが主体となった労働時間の明確性、長時間労働の是正対策が何よりも求められており、労基署等の行政はこの取り組みを促し、悪質な事案を摘発する役割が求められています。また現在検討中の労基署の一部民間委託化は民間委託先の専門家と協働することで、新たな行政サービスを創造しうる可能性を秘めています。

終章　労働の未来と働き方改革

先週末、A課長は中学生の娘を連れて、北海道日本ハムファイターズの野球観戦に出かけていたところ、人事部長から「事業再編」絡みで突然の呼び出しがあり、あえなくお開きになりました。その帰り道、娘から「わたしは休日にも上司から呼び出されるような社員ではなく、できれば大谷選手のように自由なプロフェッショナルになりたい」などと言われました。確かに最近、新しい働き方として、独立自営、副業・兼業、在宅勤務などが注目されているようですが、その魅力やリスクなどを、どう娘に伝えたらよいか少し悩んでいます。

娘を送り届けてから、慌てて人事部長の待つ会社に向かったところ、部長から子会社の営業譲渡を極秘に検討中のところ、譲渡先会社から同社の長時間労働が問題視されたため、早急な対策を講じるように指示されました。子会社の長時間労働是正対策と今後の営業譲渡をソフトランディングさせるためには、労使対話が必要不可欠だと感じていますが、どのように労使対話を進めていけばよいでしょうか。

1　労働時間の規制強化と働かせ方改革の行方

強化される労働時間規制

本書で解説したとおり、今後は労働時間規制が強化される方向であることは疑いがなく、企業としても、時間外労働時間の上限規制案などを視野に入れながら、労働時間管理を厳格化していくものと思われます。このことは必然的にサラリーマンらの在社時間削減につながるとともに、在社中の時間についても、上司が部下の業務遂行方法や時間配分に目を光らせ、会社にとって無駄な在社を許さない姿勢が強まることを意味します。一昔前までは、サラリーマンが会社に出社することは、仕事をなすことはもちろん、社内のサークル活動や飲み会なども含めた「場」への所属も意味しており、長時間のダラダラ在社も蔓延化していましたが、今後はさらに一掃されていくものと思われます。

在宅勤務・どこでもオフィス化の問題点

そのような中、最近の動きとして、在宅勤務・どこでもオフィスが広く普及しつつあります。情報端末・インターネット環境・セキュリティ技術の向上なども、その流れを大きく後押ししています。さらに高度プロフェッショナル労働制案における健康管理時間に見られるとおり、在宅勤務のような事業場外の勤務については、在社時間とは異なり、労働時間の把握が一般に困難であるため、自己申告による時間数算定を容認する方向での議論も進められています。企業側からいえば、在宅勤務をはじめとした事業場外勤務は、ＩＣＴ技術の発達によってコミュニケーションが容易な上、長時間在社等による法的リスクを回避し、さらには通勤手当・執務室のコスト削減などにもつながることから、導入可能であれば、今後もさらに普及が拡大していくものと思われます。

在宅勤務、どこでもオフィスが広がっていくことは、労働者側から見ても、ワークライフバランスと極めて親和的であり、歓迎する声が今のところ大きいですが、不安要素もあります。それは在宅勤務の解禁が際限のない長時間労働につながり、ワークライフバランスの破綻さらには健康障害が生じえないかどうかという問題です。この点については、そもそも職務内容・責任の明確化がなければ、仕事量が無限に生じえますし、さらには上司のマネジメントがなければ、仕事「量」が労働者本人にとって、こなしえない場合があります。在宅勤務・どこでもオフィスを導入する場合でも、本書第3章・4章で解説した「労働時間の明確化」と「長時間労働による健康障害防止」等は当然に重要であり、在宅勤務であればあるほど、あらかじめ上司・部下が仕事内容・仕事量を確認し、原則として所定労働時間内でできる形に事前準備しておく必要があります。

2　労働者側から見た働き方改革の行方

集団帰属意識の功罪とイノベーション

またA課長の娘さんと同様に、今後はますます若手社員の会社に対する帰属意識も変わってくるものと思われます。安定している会社等であればあるほど、集団帰属意識に基づく同調力が強く、時間・場所的拘束以上に組織の拘束性を感じることが少なくありません。若手社員の中には、この「組織」の拘束性に息苦しさを感じる人が増えている感があります。

また企業側から見ても、このような組織に対する帰属意識は規律性、集団性などの強みとなりますが、他方でイノベーションの妨げにもなります。我が国の企業がこれだけの人財・技術・資金を抱えながらも、Ａｐｐｌｅ社のｉＰｈｏｎｅなどに見られる世界的大ヒット商品を作り出せないことの一因には、「自社の組織内で波風立てずに仕事をする」ことに重きを置きがちな帰属意識の過度な高さも一因になっているのかもしれません。このような帰属意識の高さとイノベーションの乏しさに対し、近年、起爆剤になるものとして注目されつつあるのが、副業・兼業の解禁です。

副業・兼業の解禁とその課題

働き方改革実行計画においても、「柔軟な働き方がしやすい職場環境」の一つとして「副業・兼業」が取り上げられており、労働者の健康確保に留意しつつ、原則、副業・兼業を認める方向で普及促進を図るとし、ガイドライン等の策定と厚労省が作成しているモデル就業規則の改定などが今後の施策として盛り込まれています。

副業・兼業のネックとなっているのは、会社側の副業禁止だけではありません。社会保険・労働保険とりわけ労災保険制度において、副業・兼業を認めた場合、労働者側に著しい不利益が生じうる課題を現行法上抱えています。仮に本業先で概ね週36時間のフルタイム勤務をしている社員が、土曜日の所定休日に地域内のＮＰＯ法人で週１日４時間程度、副業していたとしましょう。その副業先で仕事中に労働災害に被災し、死亡した場合、遺族に対する遺族補償給付は本業先と副業先の賃金合算額等が支給されるのであれば良いのですが、現行法上、労災補償給付額はあくまで被災先の事業所における賃金額のみをもって算定される取扱いです。つまりは先のケースではＮＰＯ法人から支給されていた賃金額をベースに遺族労災補償給付額（なお労災給付に際しては最低保障額あり）が決定されるため、副業・兼業には労災補償水準上のリスクが顕著に見られました。

この問題について、厚労省もようやく本腰を入れるようであり、日本経済新聞２０１７年5月2日朝刊によれば、副業・兼業時の労災に対し、複数職場の賃金の合計額に基づいて給付額を計算する方式に改める方向で検討に入ったとの報道が見られます。また雇用保険についても、現行法では週20時間以上の場合、適用対象となりますが、あくまで1社の労働時間数をもって算定されており、副業・兼業を合算して週20時間以上となる場合でも適用対象から除外されていました。これについても、厚労省は２０１７年中に検討を進め、法改正を検討しています（日本経済新聞２０１７年2月21日朝刊）。いずれにしても、副業・兼業を安心して働けるための環境整備がまずもって求められているものです。

インディペンデント・コントラクター（ＩＣ）の可能性とその責任

またＡ課長の娘さんが憧れる「プロフェッショナル」の道として、インディペンデント・

コントラクター（ＩＣ）という選択肢もあります。あまり聞き慣れない言葉ですが、筆者も加入しているＩＣ協会の定義によれば「サラリーマンでも、事業家でもなく、フリーエージェントである働き方。「期限付きで専門性の高い仕事」を請け負い、雇用契約ではなく業務単位の請負契約を「複数の企業」と結んで活動する「独立・自立した個人」がＩＣであるとします（詳細については以下ＨＰ参照。https://www.npo-ic.org/）。ＩＣはこの定義のとおり、雇用契約から離れ、複数の企業と業務委託契約を結び活動する形態を指すものであり、一企業からの時間的・場所的拘束や組織への帰属意識のいずれも極めて低いものです。

このような「自由」な契約形態になること自体が、会社組織と雇用契約の様々なしがらみに疲弊感を覚えるサラリーマンには魅力的に映るかもしれません。私自身も独立前はそのように感じていましたが、いざ２００９年に自ら独立開業し、ＩＣを名乗るようになると、また違った思いを持つようになりました。敬愛するロックスターである忌野清志郎（故人）も名著『ロックで独立する方法』（太田出版）１３８頁以下で次のように語っています。

「『独立』さえすれば自分が独立できるわけじゃない。『独立』した後の新たな問題を解決していくことが本当の独立なんだ。」（独立すると）「『自分には見えなかった問題』とか『自分には関係なかった問題』…が『自分でどうにかしなきゃならない問題』になってくるわけだ。それはつまり『自分でどうにかできる問題』ということだ。それを『自由』と呼ぶか『面倒くさい』と呼ぶかは、本人の独立への覚悟や意識が決める」。

まさにそのとおりであり、いったん独立すれば、安定して売上・収益を得られるように事業を継続化していく必要があることはもちろん、税務申告、契約管理、さらには営業戦略まで、ありとあらゆる仕事が降ってわいてきます。そのしんどさも含めて「自由」と呼び、楽しめるかどうかが、ＩＣとしてやっていけるかどうかの分岐点なのかもしれません。

ＩＣとしての自己研鑽の仕方

ＩＣとして独立した場合、大きな課題となりうるのがキャリア形成・開発の場探しです。会社組織から離れ、企業内でのキャリア開発の機会を得られないＩＣは自ら主体的に研鑽を積んでいくほかありません。この研鑽はいうまでもなく、仕事を通じて行うことが最も効果的であり、引き受けた仕事に真摯に取り組むことが何よりも求められます。また筆者は労働基準監督官退官後に北海道大学大学院法学研究科に入学し、道幸哲也北大名誉教授、倉田聡教授（故人）の下で労働法・社会保障法を学びました。大学院修了後も様々な研究会への参加を許されていますが、学識・経験ともに仰ぎ見るほかない研究者、労使双方の弁護士・社労士・実務家の方々との議論を通じて、専門知識の習得はもちろん、法的問題に対する洞察力が磨かれる思いがします。大学院等での研鑽は、ただちに実務・実益につながるものではありませんが、まさに「急がば回れ」であり、結果としてICとしての仕事にも大きく役立っています。さらに前述したIC協会では、異業種のICが緩やかに集い、定期的に勉強会・懇親会を開催していますが、自由の楽しさ、しんどさを共有しうる場があることは一服の清涼剤となっています。このような研鑽なり憩いの場をいかに自ら作り出していけるのかも、ICの「独立」後において重要です。

3　労働の未来と働き方・働かせ方改革

同一労働同一賃金ガイドライン案について

働き方改革実行計画では、長時間労働の是正とともに、同一労働同一賃金の実現が大きな政策目標です。2016年12月20日、厚労省は同計画に先駆けて、同一労働同一賃金ガイドライン案を公表しています。同ガイドライン案は正規か、非正規かといった雇用形態にかかわらない均等・均衡待遇を確保し、同一労働同一賃金の実現を目的に定められました。ガイドライン案の内容ですが、基本給、手当、福利厚生、その他教育訓練の4項目に分け、不合理となる待遇差に係る基本的な考え方と、「問題となる例」「問題とならない例」などの事例を明らかにしています。

同ガイドライン案では、例えば賞与について、会社の業績等への貢献に応じて支給しようとする場合、貢献に応じた部分につき、有期・パート労働者に対し、正社員と同一の支給をしなければならず、貢献に一定の違いがある場合は、その相違に応じた支給をすることを求めます。具体的に挙げる「問題となる例」においても、「賞与について、会社の業績等への貢献に応じた支給をしているC社において、無期雇用フルタイム労働者であるXと同一の会社業績への貢献がある有期雇用労働者であるYに対し、Xと同一の支給をしていない」としており、非正規社員に対する賞与の見直しを厳しく求める内容となっており、企業人事等への波紋が広がっています。

ただ現時点では同ガイドライン案はあくまで「案」の段階であり、法的効力はもちろん、行政指導上の根拠等を一切有するものではありません。実行計画では「今後、本ガイドライン案を基に、法改正の立案作業を進める。本ガイドライン案については、関係者の意見や改正法案についての国会審議を踏まえて、最終的に確定し、改正法の施行日に施行することとする」ことが明言されています。そこで問題となるのが、法改正の立案内容ですが、実行計画では以下の提言がなされており、注目されます。

実行計画における法改正の方向性

実行計画では、まず法改正の方向性として、同一労働同一賃金にかかる大きな理念を明らかにした上で、ガイドライン案の実効性を担保するため、裁判（司法判断）で救済を受けることができるよう、その根拠を整備する法改正を行うことが提言されています。具体的にはパートタイム労働、労働契約法、および労働者派遣法の一括改正として、以下の改正事項が明らかにされました。

①労働者が司法判断を求める際の根拠となる規定の整備
②労働者に対する待遇に関する説明の義務化
③行政による裁判外紛争解決手続きの整備
④派遣労働者に関する法整備

2017年秋からの臨時国会に関連法案を提出すべく、厚生労働省内で急ピッチに検討が進められており、順調に法案提出・成立すれば、2019年4月にもガイドライン含め、同一労働同一賃金法制が施行される可能性があります。

同一労働同一賃金法制の影響

現在、検討されている同一労働同一賃金法制案が成立・施行した場合、企業人事にどんな影響が生じうるでしょうか。正規社員と非正規社員との間の均衡処遇が進むことは、結果的に正社員の働き方・働かせ方の見直しにつながる可能性があります。

現状においても、正社員の中には、様々な職種・勤務地を幅広く経験しながら、企業内で昇進昇格を続ける層と、契約上は職種変更・転勤を前提としつつも、実際上は勤務地・職種限定状態にある層に二極分化している面が見られます。問題は後者の正社員層と非正規雇用層との職務内容・責任、人材活用の仕組み・運用に近似性が認められる一方で、賃金等の処遇格差が著しいことです。今後、非正規社員層の処遇改善が進められるべきはもちろんですが、特に後者の正社員層についても、人事組織上も職務内容・責任を明確化・限定化した上で、これに応じた処遇体系見直しが漸次的に行われていく可能性があります。同取組みはつまるところ、本書第4章で解説した労働時間ガイドライン等による上司の指揮命令内容の明確化と同義です。同一労働同一賃金法制によるジョブ型正社員層の増大は、結果として、労働時間管理の精緻化と長時間労働の是正につながっていくことが期待されます。

人工知能（AI）で変化する労働の未来

その一方で、労働の未来に第4次産業革命ともいうべき黒船が襲来しつつあります。筆者は2017年5月に都内で開催された労働政策研究・研修機構（JILPT）主催の労働政策フォーラム「仕事の未来」を傍聴しましたが、シンポジウムの司会を務められた大内伸哉神戸大教授や濱口桂一郎氏（JILPT）ら登壇者が一貫して論じていたのがIoTや人工知能（AI）等の第4次産業革命による仕事の未来像と労働政策の変化の在り方でした。AI等による技術革新は、まさに本書で主に検討してきた「事務系職場」に対し、直接的な影響を及ぼしえます。例えば、現時点においても、AI導入を進めるコールセンター部門では、顧客からの電話相談に対し、PC上で自動的に同電話の音声データを文字に変換し、データベース上の検索を行い、回答案を示すことが技術的に可能です。このため社員が真に対応するのは、定型的な回答案の確認と非定型的な質問対応に限定しえます。

さらにAIが注目されるのが、自ら「研鑽」（ディープラーニング）し続けるシステムである点です。このため「顧客からの非定型的な質問・回答」もこれが複数回続けば、自動的にこれを定型化し取り込んでいく機能を有します。このようにAI化が進んでいけば、前述した「ジョブ型正社員」、さらに、その将来には「正社員全般」をも、AIが代替化つまりは人員不要としていく可能性があります。このような大きな流れの中、全ての経営層・働く者にとって不可避といえるのは、絶え間ない環境変化への対応のための「変革」でしょう。

労働の未来に向けた2つの選択肢

本書では労働時間規制への対応のために、繰り返し労働時間の明確化を論じてきましたが、一方で急激なスピードでの技術革新が「会社組織」「仕事」そのものの変革を余儀なくさせていく可能性が高まっています。1人1人の労働者も、仕事そのものの「変革」、つまりは今日ある仕事が明日あるか分からないという事態に対し、いかに対応していくかという課題に直面します。この課題に対し、前述したように自律的にキャリア開発を進め、さらに副業・兼業やIC（独立自営業者）などで軽やかに（もちろんリスクも大ですが）対応する社員層は今後、着実に増えていくのでしょう。また育児・子育て・介護等の事情があり、今は飛び出せないが、将来的にはＩＣ等に向け「大志を抱いて」いる社員層も確実に増えています。まさにＡ課長の娘さんのように「強い個人」を志向することは、本人の充実・満足感とともに、我が国の産業・技術全体のイノベーションにつながるものですが、他方で前述したセーフティネットの整備が必要ですし、ＩＣ等となった場合でも、企業との契約交渉等は容易ではありません。

働き方改革実行計画では、発注者向けガイドラインを改定し、非雇用型テレワークについて「仲介手数料や著作権の取扱の明示」などのルール明確化を図る方針が示されていました。今後は非雇用型ＩＣと発注者が発注ルール形成に際して、どのように対話をなす仕組みを設け、公正公平に意見集約・利害調整を行いうるかが課題となりそうです。

また今ある職場・仕事で長く働き続け、安定した雇用・所得を維持したいと思う労働者層が、今も昔もそしてこれからもおそらくは圧倒的多数でしょう。その一方、企業の多くは前記の技術革新とグローバル経済化が進む中、環境変化に対応すべく、絶えず事業組織の再構築を進めていくものと思われます。その再構築の中には、これまで以上の職種変更・出向配転等も生じうるでしょうし、賃金・労働時間をはじめとしたルールの見直しを余儀なくされる機会も増えるでしょう。さらには職種・地域限定型の雇用に対し、事業組織の消滅・変更を理由とした整理解雇や労働条件の大幅な見直しを検討する場合もありえます。このように絶え間ない環境変化に対応しなければならない企業と雇用・賃金等の維持を強く求める労働者との間における、労使対話の必要性は強まるばかりです。このような中、労働時間のルールを含め、どのような場で労使対話を進め、働き方改革等のルール形成を進めていくかが、今後の人事労務分野における最大の課題といえます。

4　働き方改革のルールの決め方

労働組合とは何か

実は本書において、これまであえて触れてこなかった主体が存在します（「真打ち」の出番は最後ということに）。それは「労働組合」です。そもそも労働組合とは「労働者が主体となって自主的に労働条件の維持改善その他経済的地位の向上を図ることを主たる目的として組織する団体又はその連合団体」（労組法2条）です。2名以上の労働者が上記目的をもって団体を結成した場合、それが労働組合であり、この組織結成自体は社内（企業内労組）、社外（いわゆる地域労組）いずれであっても自由に結成できます。

この労働組合には憲法そして労組法上、団結権、会社との団体交渉権、そしてストライキなどの団体行動権が広く保障されており、同活動が正当になされている限り、民事・刑事免責がなされています（同8条）。さらに労働組合が会社との間で締結した労働条件その他労使関係に係るルールは「労働協約」とされますが、同労働協約は就業規則、労働契約をも上回る法的効力が保障されているものです（同16条等）。

労働組合の諸活動の中で、実務上も重要な機能を果たしているのが、会社側との団体交渉権です。労働組合が労働時間を含めた労働条件について、会社側に説明・そして交渉を求めた場合、会社側には誠実に団体交渉に応ずべき法的義務が生じます（誠実団交義務）。この誠実団交義務の中には、団体交渉に応ずることはもちろん、労働組合からの要求等に対して、会社側としても十分誠実に検討した上で回答・反論等をなし、必要によっては会社側回答に係る理由を根拠づける上で必要となる資料を提示するなどの義務も生じうることとされています。会社側に誠実団交に応じる姿勢が見られないと労働組合側が考える場合には、労働委員会における不当労働行為救済制度が用意されており、同委員会から会社に対し救済命令（誠実に団体交渉に応ずべきこと等）が命じられる場合があります。

労働組合と働き方改革におけるルール等の決め方

以上のとおり強力な団体交渉権を有する労働組合と会社側が十分に協議を重ね、職場内ルールを労使自治により形成・維持発展させていくことこそが、労使間ルール形成の本来的な有り様と思われます。この団体交渉権の対象の中には当然ながら、36協定の締結・更新を含め、本書で検討した様々な労働時間制度の設計・運営に係るルール全般が含まれます。

会社側から見ても、労働時間の明確化や36協定の延長時間数設定など社内で決めるべきルールを外部の労基署等からあれこれ指図されるより、専門家も交えた労使の話し合いで自律的に決める方が労使関係の安定やモラル・モチベーション向上による生産性上昇につながるといえ、長時間労働是正に向けた労働組合活動が労使双方から期待されるところです。

他方、労働組合の未組織企業では、36協定の締結などを従業員過半数代表者が行っていますが、そもそも、その民主的な選出方法（52頁参照）が実際上十分に機能していないおそれがある上、過半数代表者は労働者個人が選出されるのが通例です。同人が単独で労働時間など労働者間で対立が生じうる問題に対し、意見集約・利害調整を行うことは極めて困難です。また企画業務型裁量労働制等における労使委員会制度がありますが、これも前記のとおり極めて手間のかかる制度であり、制度導入はさほど進んでいません。このような中、今後の労働法制上の課題として、かねてから検討されているのが、新たな「従業員代表制度」の創設ですが、厚労省・労働組合・使用者団体ともに、その必要性は感じつつも腰が重く、議論が前に進んでいない状況です。今後、労働組合の組織化活動が急激に進み、V字回復的な組織率向上をもってこういった制度創設論を不要とするのか、または従業員代表制度創設の必要性がさらに高まっていくのか、今後の動向が注目されるところです。

労働時間等設定改善・衛生委員会での労使対話促進の可能性

そのような中、厚労省が新ガイドライン等で労働時間に係る労使対話の場として推奨しているのが、「労働時間等設定改善委員会」の設置です。同委員会を設置し、委員の5分の4以上の多数による決議を得た場合、労基法の労使協定に代えて、36協定等の締結等をなすことが法令上可能とされています。同委員会は一定の要件を満たしている衛生委員会においても実施可能としており、以下ではまず衛生委員会を中心に解説します。労働安全衛生法では、常時50人以上の労働者がいる事業場において衛生委員会の設置運営が義務づけられていますが、同委員会には委員の半数を過半数代表の労組または従業員過半数代表者が推薦し、労働者委員を指名することとされており、労使対話の場が制度上設けられています。

そもそも衛生委員会の調査審議事項には「長時間にわたる労働による労働者の健康障害の防止を図るための対策の樹立に関すること」が含まれており、定期的に長時間労働による健康障害防止対策をなすべき場として位置づけられています。さらに長時間労働者に対する医師面談等の意見が示された場合、同意見は衛生委員会への報告事項とされています。この報告趣旨としては、長時間にわたる労働による労働者の健康障害の防止を図るための対策等について、衛生委員会等で必要に応じて労働者の健康の状況を把握し、これを踏まえて調査審議することが有効と考えられるとするものです。その一方で、長時間労働者の医師面談等の意見は労働者のプライバシーに関わる問題であるため、生の意見をそのまま衛生委員会に報告すべきではなく、行政通達も「衛生委員会……への医師等の意見の報告に当たっては、医師等からの意見は個人が特定できないように集約・加工するなど労働者のプライバシーに適正な配慮を行うことが必要である」（2006年2月24日　基発第0224003号）としています。

衛生委員会ではこういった報告等も踏まえながら、前記のとおり長時間労働による健康障害防止対策に係る調査審議を行うことが求められています。調査審議の一例としては、上記報告のほか、毎月の衛生委員会における定例報告事項に「月間45時間超の時間外労働時間に従事する従業員数、産業医面談の対象者数、部門ごとの分布状況」を加え、毎回継続的に長時間労働防止対策を審議する取組みがあります。

労働時間・ガイドライン等をめぐる労使対話の可能性

衛生委員会を母体に労働時間等設定改善委員会を設置した場合、同委員会の審議事項は前記健康対策や36協定の締結等のみに限定されるわけではありません。前記のとおり、筆者は労働時間の明確化が何よりも長時間労働の是正にあたり重要と考えていますが、この明確化のためのガイドライン策定等を使用者・専門家のみで行う場合、労働時間の実態を十分に踏まえたものにならない例が散見されます。また使用者・専門家に高い倫理観が存在しない場合、労働法令の解釈を歪めた不合理な行動準則等が策定され、労基法上違法な労働時間管理がまかり通る懸念もあります。このような事態を防止するためには、やはり労働者代表（企業内の過半数労働組合が存在する場合は当然に組合執行部）が参加する同委員会における検討・対策立案が有効です。労働者・使用者・専門家等がともに同委員会の審議に参画し、各職場における労働時間の実態を十分に反映させた上で、対策の検討を進めていくことこそが、「働き方改革」を実効あらしめる大きな推進役となりうると考えます。

〈終章まとめ〉

今後、労働時間規制が強化される一方で、企業そして労働者ともに「時間」「場所」そして組織そのものから拘束されない働き方・働かせ方が広がっていく可能性があります。その一方で、自由あるところに責任やリスクが生じるのが世の常であり、在宅勤務、副業・兼業さらにはICにふさわしいルールの設定が必要です。

またAI化等による第4次産業革命と同一労働同一賃金の進展は、企業組織構造および正社員自体の働き方を大きく、かつ急速に変えていく可能性があります。このような変化に際し重要であるのが、労使協議の促進と労使自治によるルール形成です。労働時間問題についても、労働組合活動または労働時間等設定改善委員会、衛生委員会の活性化、さらには新たな従業員代表制度の創設などを通じた労使でのルール形成が強く求められています。

【著者略歴】

北岡　大介（きたおか・だいすけ）

北岡社会保険労務士事務所代表。1995年金沢大学法学部卒、労働省に労働基準監督官として任官し、労基法などの監督指導業務に従事。2000年に労働省を退官し、北海道大学大学院法学研究科で労働法・社会保障法を専攻。同大学院博士課程単位取得退学後、大手サービス企業労務担当等を経て、2009年、北岡社会保険労務士事務所を独立開業、現在に至る。2016年から駒澤大学法学部において労働法の非常勤講師も務める。著書に『職場の安全・健康管理の基本』（労務行政、2015年）『会社が「泣き」を見ないための労働法入門』（日本実業出版社、2014年）等がある。

日経文庫1379

「働き方改革」まるわかり

2017年7月25日　1版1刷
2017年8月16日　　　2刷

著　者　北岡大介
発行者　金子　豊
発行所　日本経済新聞出版社
http://www.nikkeibook.com/
東京都千代田区大手町1-3-7　郵便番号100-8066
電話（03）3270-0251（代）

装幀 next door design
組版 マーリンクレイン
印刷／製本 三松堂

ISBN978-4-532-11379-7